BAŞLANGIÇLAR İÇİN MÜKEMMEL ÇEREZ YEMEK KİTABI

Pişirme sanatında ustalaşmak ve arkadaşlarınız ve aileniz için harika tatlılar yaratmak için 100 Tarif

Pinar Kahraman

Tüm hakları Saklıdır.

sorumluluk reddi

Bu eKitapta yer alan bilgiler, bu eKitabın yazarının hakkında araştırma yaptığı kapsamlı bir stratejiler koleksiyonu olarak hizmet etmek içindir. Özetler, stratejiler, ipuçları ve püf noktaları yalnızca yazar tarafından tavsiye edilir ve bu e-Kitabı okumak kişinin sonuçlarının yazarın sonuçlarını tam olarak yansıtacağını garanti etmez. E-Kitabın yazarı, e-Kitabın okuyucularına güncel ve doğru bilgiler sağlamak için tüm makul çabayı göstermiştir. Yazar ve ortakları, bulunabilecek herhangi bir kasıtsız hata veya eksiklikten sorumlu tutulamaz. E-Kitaptaki materyal üçüncü şahısların bilgilerini içerebilir. Üçüncü taraf materyalleri, sahipleri tarafından ifade edilen görüşleri içerir. Bu nedenle, e-Kitabın yazarı herhangi bir üçüncü taraf materyali veya görüşü için sorumluluk veya yükümlülük üstlenmez.

E-Kitabın telif hakkı © 2022'ye aittir ve tüm hakları saklıdır. Bu e-Kitabın tamamını veya bir kısmını yeniden dağıtmak, kopyalamak veya türev çalışmalar oluşturmak yasa dışıdır. Bu raporun hiçbir bölümü, yazarın yazılı ve imzalı izni olmaksızın herhangi bir biçimde çoğaltılamaz veya yeniden iletilemez veya herhangi bir biçimde yeniden iletilemez.

İÇİNDEKİLER

İÇİNDEKİLER 3
GİRİİŞ 7
KURABİYE ÇEREZLER 8
   1. BADEMLI KURABIYE KURABIYE 9
   2. ESMER ŞEKERLI KURABIYE KURABIYE 11
   3. ÇIKOLATAYA BATIRILMIŞ MACADAMIA FINDIKLI KURABIYE KURABIYE. 13
   4. MEYVELI KURABIYE 16
   5. LAVANTA KURABIYE KURABIYE 19
   6. MOCHA KURABIYE KURABIYE 22
   7. FISTIKLI KURABIYE KURABIYE 25
   8. BAHARATLI KURABIYE 28
   9. PEKAN KURABIYE KURABIYE 30
   10. OREGON FINDIKLI KURABIYE KURABIYE 33

ÇİKOLATALI KURABİYELER 35
   11. PRETZEL VE KARAMELLI KURABIYE 36
   12. KENEVIR BUCKEYE KURABIYE 38
   13. KEK KARIŞIMI KURABIYE 40
   14. ŞEYTAN ÇITIR KURABIYE 42
   15. CEVIZLI KURABIYE 44
   16. KREM ŞANTI 46
   17. KEK KARIŞIMI SANDVIÇ KURABIYE 48
   18. GRANOLA VE ÇIKOLATALI KURABIYE 50
   20. ALMAN KURABIYELERI 52
   21. ANASONLU KURABIYE 54
   22. TATLI YEŞIL KURABIYE 57
   23. CIKOLATALI YIGINLI KURABIYE 59

BISKÜVI 62
   24. ÇIKOLATALI KEK KURABIYE 63

25.	BADEMLI BISKÜVI	66
26.	ANASONLU BISKÜVI	69
27.	ANASON LIMONLU BISKÜVI	72
28.	VIŞNELI BISKÜVI	75
29.	FINDIK VE KAYISI BISKÜVI	78
30.	LIMON BIBERIYE BISKÜVI	81

ŞEKERLİ KURABİYELER 83

31.	BADEM ŞEKERLI KURABIYE	84
32.	ŞEKERLI KURABIYELER	87
33.	BUTTERCREAM FROSTING ILE ŞEKERLI KURABIYE	89
34.	BADEMLI ŞEKERLI KURABIYE	92
35.	AMISH ŞEKERLI KURABIYE	94
36.	TEMEL DOMUZ YAĞI ŞEKERLI KURABIYE	97
37.	TARÇINLI ŞEKERLI KURABIYE	99
38.	KIRIK ŞEKERLI KURABIYE	101
39.	PEKAN ŞEKERLI KURABIYE	103
40.	BAHARATLI ŞEKERLI KURABIYE	105
41.	FISTIKLI ŞEKERLI KURABIYE	107

PEYNİRLİ KURABIYE 109

42.	PEYNIRLI MEZE KURABIYELERI	110
43.	ÇIKOLATA PARÇACIKLI KURABIYE	112
44.	KAYISILI KREM PEYNIRLI KURABIYE	114
45.	PEYNIR FISTIK EZMELI KURABIYE	116
46.	KULÜBE PEYNIR ÇEREZLER	118
47.	SÜZME PEYNIRLI YULAF EZMELI KURABIYE	120
48.	KREM PEYNIR VE JÖLELI KURABIYE	122
49.	KREM PEYNIRLI KESME KURABIYELER	124
50.	JUMBO KREM PEYNIRLI FISTIK EZMELI KURABIYE	126
51.	MEKSIKA PEYNIRLI KURABIYE	128
52.	PORTAKALLI KREM PEYNIRLI KURABIYE	130
53.	OTLU PEYNIRLI ELMALI KURABIYE	132
54.	RICOTTA PEYNIRLI KURABIYE	134

55.	CHEWY ÇIKOLATALI KREM PEYNIRLI KURABIYE	136

ZENCEFİLLİ KURABİYELER 138

56.	BÜYÜKANNENIN GINGERSNAPS	139
57.	ZENCEFILLI KURABIYE ÇOCUKLAR	141
58.	ÇIKOLATALI ROM TOPLARI	144
59.	ZENCEFILLI PEKMEZLI KURABIYE	146
60.	CHEWY ZENCEFILLI NOEL KURABIYELERI	149
61.	ZENCEFILLI KURABIYE BIRAK	151
62.	ZENCEFILLI LIMONLU KURABIYE	153
63.	AZ YAĞLI ZENCEFILLI KURABIYE	155
64.	KABAK VE TAZE ZENCEFILLI KURABIYE	157
65.	YUMUŞAK ZENCEFIL KURBIYESI	159
66.	TATLI RÜYALAR ZENCEFILLI KURABIYE	161

BIRAKILMIŞ ÇEREZLER 163

67.	PORTAKALLI KIZILCIK DAMLALARI	164
68.	ŞEKER ERIK DAMLALARI	167
69.	VIYANA HILAL TATIL KURABIYELERI	170
70.	KIZILCIK HOOTYCREEKS DAMLALARI	173
71.	ELMALI ÜZÜMLÜ DAMLA KURABIYE	176
72.	YABAN MERSINLI DAMLA KURABIYE	178
73.	KIRAZ DAMLA KURABIYE	180
74.	KAKAOLU KURABIYE	182
75.	TARIH DOLU DAMLA ÇEREZLERI	184
76.	ŞEYTANIN YEMEK DAMLA KURABIYELERI	187
77.	HICKORY FINDIK DAMLA KURABIYE	190
78.	ANANASLI DAMLA KURABIYE	192
79.	ÜZÜMLÜ ANANAS DAMLA KURABIYE	194
80.	KABAK DAMLA KURABIYE	196

KURABIYELI SANDVIÇLER 198

81.	ÇIKOLATALI TRÜFLÜ KURABIYE	199
82.	YULAF EZMELI KREMALI SANDVIÇLER	203

83.	KREMALI PUFLAR VE ÉCLAIRS RING CAKE	207
84.	DONDURMALI KURABIYE SANDVIÇI	210
85.	ÇILEKLI İTALYAN SANDVIÇLERI	212
86.	HAVUÇLU KEK SANDVIÇLERI	215
87.	ZENCEFILLI FINDIKLI DONDURMA	218
88.	ÇIKOLATALI KURABIYE VE VANILYALI SANDVIÇ	221
89.	VANILYALI SOYA DONDURMALI SANDVIÇ	224
90.	X-RAY DONDURMALI SANDVIÇLER	227
91.	ÇIKOLATALI SOYA DONDURMASI	230
92.	DUBLE ÇIKOLATALI SANDVIÇLER	233
93.	ÇIKOLATALI HINDISTAN CEVIZLI DONDURMALI SANDVIÇ	236
94.	DONDURULMUŞ ÇIKOLATALI MUZ	239
95.	DONDURMALI KURABIYE SANDVIÇI	241

SNICKRDOODLE **243**

96.	MISIR UNU SNICKERDOODLES	244
97.	AZ YAĞLI SNICKERDOODLES	247
98.	TAM BUĞDAY SNICKERDOODLES	250
99.	YUMURTA LİKÖRÜ SNICKERDOODLES	253
100.	ÇIKOLATALI KURABIYE	256

ÇÖZÜM **259**

GİRİİŞ

Çerez kelimesi, Hollandaca "koekje" veya "koekie" kelimesinden türetilen "küçük kekler" anlamına gelir. Çerezler, daha düşük oranda sıvıya ve daha yüksek oranda şekere ve yağa una sahip olmaları dışında, keklerle aynı Malzemelerden birçoğunu içerir.

Kurabiye tarifleri sayısız şekil, tat ve dokuda hazırlanabilir ve süslenebilir. Görünüşe göre her ülkenin bir favorisi var: Kuzey Amerika'da çikolatalı; Birleşik Krallık'ta bu kurabiye; Fransa'da samur ve bademli kurabiye; ve bisküvisi İtalya'da.

Kurabiye Tarifleri genellikle hamurlarının veya hamurlarının akışkanlığına göre sınıflandırılır ve bunların oluşturulma şeklini belirler - Barlar, Düşürülmüş, Buzluk / Buzdolabı, Kalıplanmış, Preslenmiş veya Haddelenmiş. Ayrıca bazı çerez türleri diğerlerinin alt türleridir. Hazırlanacak kurabiye tarifinin türü karıştırma yöntemini belirler, ancak çoğu için geleneksel kek veya krema yöntemi kullanılır. Çerezler fırınlanabilir veya fırınsız olarak adlandırılabilir; burada Rice Krispies Treats, yulaf ezmesi, fındık, kuru meyve veya hindistancevizi gibi yemeye hazır tahıllardan yapılabilir ve pişmiş bir şurup veya ısıtılmış şeker bazıyla bir arada tutulabilir. eritilmiş marshmallow ve tereyağı gibi.

KURABİYE ÇEREZLER

1. Bademli kurabiye kurabiye

Verim: 3 düzine

İçindekiler

- 1 su bardağı Un, çok amaçlı
- ½ su bardağı Mısır nişastası
- ½ su bardağı şeker, toz
- 1 su bardağı badem, ince doğranmış
- ¾ su bardağı Tereyağı; yumuşatılmış

Talimatlar

a) Un, mısır nişastası ve pudra şekerini birleştirin; bademleri karıştırın. Tereyağı ekleyin; yumuşak bir hamur oluşana kadar tahta kaşıkla karıştırın.

b) Hamuru küçük toplar haline getirin. Yağlanmamış çerez kağıdına yerleştirin; hafifçe unlanmış çatalla her bir topu düzleştirin. 20 ila 25 dakika veya kenarları hafifçe kızarana kadar 300 derecede pişirin.

c) Saklamadan önce soğutun.

2. Esmer şekerli kurabiye kurabiye

Verim: 12 Porsiyon

İçindekiler

- 1 su bardağı Tuzsuz tereyağı; oda sıcaklığı
- 1 su bardağı Paketlenmiş açık kahverengi şeker
- 2 fincan çok amaçlı un
- ¼ çay kaşığı Tuz
- 1 yemek kaşığı Şeker
- 1 çay kaşığı öğütülmüş tarçın

Talimatlar

a) Fırını 325 dereceye ısıtın. 9 inç yaylı tavayı hafifçe yağlayın. Elektrikli karıştırıcı kullanarak, daha büyük bir kapta hafif ve kabarık olana kadar 1 fincan tereyağı çırpın.

b) Esmer şeker ekleyin ve iyice çırpın. Kauçuk spatula kullanarak un ve tuzu karıştırın (fazla karıştırmayın). Hamuru hazırlanan tavaya bastırın. Küçük bir kapta şeker ve tarçını birleştirin. Tarçınlı şekeri hamurun üzerine serpin. Cetveli kılavuz olarak kullanarak ve hamuru keserek hamuru 12 parçaya kesin. Her kamayı kürdan ile birkaç kez delin.

c) Kurabiye kahverengi, kenarları sert ve ortası hafif yumuşak olana kadar pişirin, yaklaşık 1 saat. Kurabiyeyi tamamen rafta tavada soğutun. Tava kenarlarını çıkarın.

3. Çikolataya batırılmış macadamia fındıklı kurabiye kurabiye

Verim: 36 porsiyon

İçindekiler

- 1 su bardağı Tereyağı
- $\frac{3}{4}$ su bardağı Pudra şekeri
- 1 çay kaşığı vanilya
- 2 su bardağı elenmiş un
- $\frac{3}{4}$ su bardağı kıyılmış macadamia fıstığı
- 1 su bardağı Sütlü çikolata parçaları veya -
- 1 su bardağı yarı tatlı çikolata parçaları
- $1\frac{1}{2}$ çay kaşığı Sebze kısaltma

Talimatlar

a) Büyük karıştırma kabında tereyağı, şeker ve vanilyayı hafif ve kabarık olana kadar çırpın. İyice karışana kadar unu yavaş yavaş karıştırın. Macadamia fıstıklarını karıştırın.

b) Hamuru yağlı kağıda koyun ve iki inç çapında bir rulo haline getirin.

c) Kağıt ve folyoya sarın ve en az iki saat veya gece boyunca soğutun.

d) Fırını 300 dereceye ısıtın. Ruloyu yaklaşık dilimler halinde kesin. $\frac{1}{4}$ ila $\frac{1}{2}$ inç kalınlığında. Yağlanmamış fırın tepsisinde 20 dakika veya kurabiyeler kahverengileşmeye başlayana kadar pişirin. Fırından çıkarın; tel rafta soğutun.

e) Bu arada, küçük bir kapta çikolata parçalarını eritin (mikrodalga fırın iyi çalışır) ve katı yağda karıştırın. İyice karıştırın. Her kurabiyenin bir ucunu çikolata karışımına batırın ve yağlı kağıt üzerine yerleştirin.

f) Çikolata sertleşene kadar kurabiyeleri soğutun. Serin yerde saklayın. 2-3 düzine kurabiye yapar.

4. Meyveli kurabiye

Verim: 36 porsiyon

İçindekiler

- 2½ su bardağı Un
- 1 çay kaşığı krem tartar
- 1½ su bardağı Şekerleme şekeri
- 19 oz. kutusu Nonesuch kıyma
- 1 çay kaşığı vanilya
- 1 çay kaşığı kabartma tozu
- 1 su bardağı Tereyağı, yumuşatılmış
- 1 yumurta

Talimatlar

a) Fırını 375F'ye ısıtın. 2. Un, soda ve tartar kremasını birleştirin.

b) Büyük bir kapta tereyağı ve şekeri köpürene kadar çırpın. Yumurta ekleyin.

c) Vanilya ve ufalanmış kıymayı karıştırın.

d) Kuru Malzemeler ekleyin. İyice karıştırın-hamur sert olacak.

e) 1¼" toplar halinde yuvarlayın. Yağlanmamış çerez kağıdına yerleştirin, hafifçe düzleştirin.

f) 10-12 dakika veya hafif kızarana kadar pişirin. Üzerini henüz sıcakken pudra şekeri, süt ve vanilya ile kaplayın.

5. Lavanta kurabiye kurabiye

Verim: 1 parti

İçindekiler

- ½ su bardağı oda sıcaklığında tuzsuz tereyağı
- ½ su bardağı şekerlemeler elenmemiş
- 2 çay kaşığı Kuru lavanta çiçekleri
- 1 çay kaşığı Ezilmiş kuru nane yaprağı
- ⅛ çay kaşığı tarçın
- 1 su bardağı elenmemiş un

Talimatlar

a) Fırını 325 F'ye önceden ısıtın. Alüminyum folyo ile kaplayarak ve folyoyu bitkisel yağ spreyi ile hafifçe kaplayarak 8" kare bir fırın tepsisi hazırlayın.

b) Hafif ve kabarık olana kadar tereyağını krema haline getirin. Şeker, lavanta, nane ve tarçını karıştırın. Unun içinde çalışın ve karışım ufalanana kadar karıştırın. Hazırlanan tavaya kazıyın ve eşit şekilde sıkıştırmak için hafifçe bastırarak düz olana kadar yayın.

c) 25 ila 30 dakika veya kenarlarda hafif altın rengi olana kadar pişirin.

d) Hem folyoyu hem de kurabiyeyi tavadan yavaşça bir kesme yüzeyinin üzerine kaldırın. Barları tırtıklı bir bıçakla dilimleyin.

e) Tamamen soğuması için bir tel rafa aktarın. Sıkıca kapatılmış bir teneke içinde saklayın.

6. Mocha kurabiye kurabiye

Verim: 18 Porsiyon

İçindekiler

- 1 çay kaşığı Nescafe Classic hazır kahve
- 1 çay kaşığı Kaynar su
- 1 paket (12 ons) Nestle Toll House yarı tatlı çikolata parçaları; bölünmüş
- ¾ su bardağı Tereyağı; yumuşatılmış
- 1¼ su bardağı elenmiş pudra şekeri
- 1 fincan çok amaçlı un
- ⅓ çay kaşığı Tuz

Talimatlar

a) Fırını 250 dereceye ısıtın. Fincanda Nescafe Classic hazır kahveyi kaynar suda eritin; bir kenara koyun. Sıcak (kaynar olmayan) su üzerinde eritin, 1 su bardağı Nestle Toll House yarı tatlı çikolata parçaları; pürüzsüz olana kadar karıştırın.

b) Ateşten alın; bir kenara koyun. Büyük bir kapta tereyağı, şekerleme şekeri ve kahveyi birleştirin; pürüzsüz olana kadar çırpın. Yavaş yavaş un ve tuzu karıştırın.

c) Eritilmiş midyeleri karıştırın. Hamuru iki parça mumlu kağıt arasında 3/16 inç kalınlığa kadar yuvarlayın. Üst tabakayı çıkarın; 2-½ inçlik çerez kesici kullanarak çerezleri kesin.

Mumlu kağıttan çıkarın ve yağlanmamış çerez kağıtlarına yerleştirin. 250 derecede 25 dakika pişirin. Tel raflarda tamamen soğutun.

d) Sıcak (kaynar olmayan) su üzerinde eritin, kalan 1 fincan Nestle Toll House yarı tatlı çikolata parçaları; pürüzsüz olana kadar karıştırın. Hafifçe yuvarlatılmış çay kaşığı eritilmiş çikolatayı kurabiyenin düz tarafına yayın; ikinci çerez ile üst. Kalan çerezlerle tekrarlayın.

e) Ayarlanana kadar soğutun. Servis yapmadan 15 dakika önce oda sıcaklığında bekletin. Yaklaşık 1-$\frac{1}{2}$ düzine 2-$\frac{1}{2}$ inç kurabiye yapar.

7. Fıstıklı kurabiye kurabiye

Verim: 30 porsiyon

İçindekiler

- 250 mililitre Tereyağı; Tuzsuz, Yumuşatılmış
- 60 mililitre Kremalı Fıstık Ezmesi
- 1 büyük Beyaz Yumurta; ayrılmış
- 5 mililitre Vanilya Özü
- 325 mililitre Çok Amaçlı Un
- 250 mililitre Eski Moda Haddelenmiş Yulaf
- 60 mililitre Buğday Germ
- 250 mililitre Tuzlu Kuru Kavrulmuş Fıstık; ince doğranmış
- 250 mililitre Açık Kahverengi Şeker; sıkıca paketlenmiş

Talimatlar

a) Elektrikli karıştırıcılı bir karıştırma kabında Tereyağı, Fıstık Ezmesi, Şekeri birlikte krema haline getirin, ardından yumurta sarısı ve vanilya özü ile çırpın.

b) Un, yulaf ve buğday tohumu ekleyin ve sadece birleşene kadar karışımı çırpın. Hamuru, 15 -$\frac{1}{2}$ x 10-$\frac{1}{2}$ x 1 inç (40 x 27 x 2$\frac{1}{2}$ cm) tereyağlı bir jöle tepsisine eşit şekilde yayın, üst kısmı düzeltin, hafifçe çırpılmış yumurta beyazını hamurun üzerine yayın ve ardından fıstıkları eşit şekilde serpin. .

c) Karışımı önceden ısıtılmış 300 F (150 C) fırının ortasında 25 ila 30 dakika veya üstü altın rengi olana kadar pişirin.

d) Tavayı soğuması için bir tel rafa aktarın. Karışım hala SICAK iken küçük eşit kareler halinde kesin ve kurabiyeleri tavada tamamen soğumaya bırakın.

8. Baharatlı kurabiye

Verim: 30 porsiyon

İçindekiler

- 1 su bardağı margarin, yumuşatılmış
- ⅔ su bardağı elenmiş pudra şekeri
- ½ çay kaşığı Yer hindistan cevizi
- ½ çay kaşığı öğütülmüş tarçın
- ½ çay kaşığı öğütülmüş zencefil
- 2 fincan çok amaçlı un

Talimatlar

a) kremalı tereyağı; yavaş yavaş şekeri ekleyin, hafif ve kabarık olana kadar elektrikli bir karıştırıcının orta hızında çırpın. Baharatları ekleyin ve iyice çırpın.

b) Unla karıştırın. Hamur sert olacak. Hamuru 1 1 inçlik toplar haline getirin ve hafifçe yağlanmış çerez tabakalarına 2 inç aralıklarla yerleştirin. Çerezleri ¼ inç kalınlığa kadar düzleştirmek için unlu bir çerez damgası veya çatalla hafifçe bastırın. 325'te 15 ila 18 dakika veya bitene kadar pişirin. Tel raflarda soğumaya bırakın.

9. Pekan kurabiye kurabiye

Verim: 2 Düzine

İçindekiler

- yarım kilo Tereyağı
- 1 su bardağı Şekerleme Şekeri
- 3 su bardağı Un, elenmiş
- $\frac{1}{2}$ çay kaşığı Tuz
- $\frac{1}{2}$ çay kaşığı Vanilya
- $\frac{1}{4}$ su bardağı Şeker
- $\frac{3}{4}$ fincan Pecans, ince doğranmış

Talimatlar

a) Tereyağı ve şekerlemelerin şekerini hafif olana kadar birlikte kremleyin.

b) Un ve tuzu birlikte eleyin ve kremalı karışıma ekleyin. Vanilyayı ekleyip iyice karıştırın. Cevizleri ekleyin.

c) Hamuru top haline getirin, yağlı kağıda sarın ve sertleşene kadar soğutun.

d) Soğutulmuş hamuru $\frac{1}{2}$" kalınlığa kadar açın. Bir kurabiye kalıbı kullanarak kurabiyeleri kesin. Üstlerine toz şeker serpin. Kesilmiş kurabiyeleri yağlanmamış kurabiye tepsisine yerleştirin ve pişirmeden önce 45 dakika buzdolabında bekletin.

e) Fırını 325F'ye ısıtın. 20 dakika ya da hafifçe renklenmeye başlayana kadar pişirin; çerezler hiç kahverengi olmamalıdır. Rafta soğutun.

10. Oregon fındıklı kurabiye kurabiye

Verim: 36 Çerez

İçindekiler
- 1 su bardağı kavrulmuş Oregon fındığı
- $\frac{3}{4}$ su bardağı Tereyağı; soğutulmuş
- $\frac{3}{4}$ su bardağı şeker
- $1\frac{1}{2}$ su bardağı Ağartılmamış un

Talimatlar

a) Kavrulmuş fındıkları bir mutfak robotunda kaba bir şekilde öğütün. Tereyağı ve şeker ekleyin ve iyice işleyin. Fındık, tereyağı ve şeker karışımını karıştırma kabına koyun ve her ilaveyi tamamen karıştırarak unu (bir seferde $\frac{1}{2}$ fincan) ekleyin. Karışımı bir top haline getirin.

b) 1-$\frac{1}{2}$-inçlik toplar yapın ve yaklaşık $\frac{1}{2}$-inç aralıklarla yapışmaz bir çerez kağıdına yerleştirin.

c) 350 derecede 10-12 dakika pişirin. Hamurun geri kalanını pişirmeye hazır olana kadar soğutun.

ÇİKOLATALI KURABİYELER

11. Pretzel ve Karamelli Kurabiye

Yaklaşık 2 düzine yapar

İçindekiler

- 1 paket çikolatalı kek karışımı (normal boy)
- 1/2 su bardağı tereyağı, eritilmiş
- 2 büyük yumurta, oda sıcaklığı
- 1 su bardağı kırık minyatür simit, bölünmüş
- 1 su bardağı yarı tatlı çikolata parçaları
- 2 yemek kaşığı tuzlu karamel tepesi

Talimatlar

a) Fırını 350°'ye ısıtın. Kek karışımı eritilmiş Tereyağı ve yumurtaları birleştirin; karışana kadar çırpın. 1/2 fincan simit, çikolata parçaları ve karamel tepesini karıştırın.

b) Yağlanmış fırın tepsisine yuvarlatılmış yemek kaşığı 2 inç aralıklarla bırakın. Bir bardağın dibiyle hafifçe düzleştirin; kalan simitleri her birinin üstüne bastırın. 8-10 dakika veya ayarlanana kadar pişirin.

c) 2 dakika boyunca tavalarda soğutun. Tamamen soğuması için tel raflara çıkarın.

12.   Kenevir Buckeye Kurabiye

12 porsiyon yapar

İçindekiler

- 1 paket çikolatalı kek karışımı (normal boy)
- 2 büyük yumurta, oda sıcaklığı
- 1/2 su bardağı Zeytinyağı
- 1 su bardağı yarı tatlı çikolata parçaları
- 1 su bardağı kremalı fıstık ezmesi
- 1/2 su bardağı pudra şekeri

Talimatlar

- Fırını 350°'ye ısıtın.
- Büyük bir kapta kek karışımını, yumurtaları ve yağı karışana kadar birleştirin. Çikolata parçacıklarını karıştırın. Hamurun yarısını 10-inç içine bastırın. dökme demir veya başka bir fırına dayanıklı tava.
- Fıstık ezmesini ve şekerleme şekerini birleştirin; tavada hamurun üzerine yayın.
- Parşömen tabakaları arasında kalan hamuru 10-inç'e bastırın. daire; fazla doldurma yeri.
- Ortasına batırdığınız bir kürdan nemli kırıntılarla çıkıncaya kadar pişirin, 20-25 dakika.

13. Kek karışımı kurabiye

yapar: 54 porsiyon

İçindekiler

- 1 paket Alman Çikolatalı Kek Karışımı; puding dahil
- 1 su bardağı Yarı Tatlı Çikolata Parçaları
- ½ su bardağı Haddelenmiş Yulaf
- ½ su bardağı kuru üzüm
- ½ su bardağı Zeytinyağı
- 2 yumurta; hafifçe dövülmüş

Talimatlar

a) Fırını 350 dereceye ısıtın.

b) Büyük bir kapta tüm malzemeleri birleştirin; iyi harmanlayın. Hamuru, yağlanmamış çerez tabakalarına iki inç arayla yuvarlak çay kaşığı ile bırakın.

c) 8-10 dakika veya ayarlanana kadar 350 derecede pişirin. 1 dakika soğutun; çerez sayfalarından çıkarın.

14. Şeytan Çıtır Kurabiye

Yapım: 60 ÇEREZ

İçindekiler

- 1 18.25 ons çikolatalı kek karışımı
- $\frac{1}{2}$ su bardağı Zeytinyağı
- 2 yumurta, hafifçe dövülmüş
- $\frac{1}{2}$ su bardağı kıyılmış ceviz
- Karelere bölünmüş 5 normal sütlü çikolata
- $\frac{1}{2}$ su bardağı şekerli hindistan cevizi

Talimatlar
a) Fırını 350 ° F'ye ısıtın.
b) Kek karışımı, yağ ve yumurtaları bir kapta birleştirin ve tamamen karıştırın. Cevizleri hafifçe hamur haline getirin.
c) Hamuru yağlanmamış kurabiye kağıtlarının üzerine kaşık kaşık dökün. 10 dakika pişirin. Çerezler ayarlandığında ancak ortası hala biraz yumuşak olduğunda çıkarın.
d) Her kurabiyenin üzerine bir kare sütlü çikolata koyun. Eridiğinde, kurabiyenin üstünde çikolata kaplaması oluşturmak için yayın.
e) Çerezleri hemen bir tel rafa aktarın ve tamamen soğumaya bırakın.

15.　　　cevizli kurabiye

Yapım: 24 ÇEREZ

İçindekiler

- 1 su bardağı tereyağlı cevizli kek karışımı
- 1 su bardağı çikolatalı kek karışımı
- 2 yumurta, hafifçe dövülmüş
- ½ su bardağı Zeytinyağı
- 2 yemek kaşığı su

Talimatlar

a) Fırını 350 ° F'ye ısıtın.
b) Malzemeleri birleştirin ve homojen bir hamur elde etmek için karıştırın.
c) Yağlanmamış bir çerez kağıdına kaşıkla bırakın. 15 dakika ya da altın rengi alana ve ayarlanana kadar pişirin.
d) Çerez kağıdında 5 dakika soğumaya bırakın. Tamamen soğuması için bir tel rafa çıkarın.

16.   Krem Şanti

yapar: 48 ÇEREZ

İçindekiler

- 1 18 onsluk kutu çikolatalı kek karışımı
- 1 yemek kaşığı kakao tozu
- 1 yumurta
- 1 su bardağı ceviz, doğranmış
- $\frac{1}{4}$ su bardağı şeker
- 4 ons çırpılmış tepesi

Talimatlar

a) Fırını 350 ° F'ye ısıtın.
b) Kek karışımı, kakao tozu ve yumurtayı birleştirin ve iyice karıştırın. Cevizleri yavaşça hamura katlayın.
c) Ellerinizi şekerle kaplayın, ardından hamuru küçük toplar haline getirin. Kurabiye toplarını şekerle kaplayın.
d) Çerezler arasında 2 inç bırakarak çerez kağıdına yerleştirin.
e) 12 dakika veya ayarlanana kadar pişirin. Fırından çıkarın ve soğuması için bir tel rafa aktarın. Çırpılmış tepesi ile üst.

17. Kek karışımı Sandviç Kurabiye

Marka: 10

İçindekiler

- 1 18.25 onsluk kutu çikolatalı kek karışımı
- 1 yumurta, oda sıcaklığı
- $\frac{1}{2}$ su bardağı Tereyağı
- 1 12 onsluk küvet vanilyalı buzlanma

Talimatlar
a) Fırını 350 ° F'ye ısıtın.
b) Bir çerez sayfasını bir parşömen kağıdı tabakasıyla örtün. Kenara koyun.
c) Büyük bir karıştırma kabında kek karışımı, yumurta ve tereyağını birleştirin. Pürüzsüz, homojen bir hamur oluşturmak için bir elektrikli karıştırıcı kullanın.
d) Kurabiye hamurunu 1 inçlik toplar halinde yuvarlayın ve bunları bir çerez kağıdına yerleştirin. Düzleştirmek için her bir topu bir kaşıkla bastırın. 10 dakika pişirin.
e) İki kurabiye arasına bir buzlanma katmanı yerleştirmeden önce kurabiyelerin tamamen soğumasını bekleyin.

18. Granola ve Çikolatalı Kurabiye

Yapım: 36 ÇEREZ

İçindekiler

- 1 18.25 ons çikolatalı kek karışımı
- ½ su bardağı Tereyağı, yumuşatılmış
- ½ su bardağı paketlenmiş esmer şeker
- 2 yumurta
- 1 su bardağı granola
- 1 su bardağı beyaz çikolata parçaları
- 1 su bardağı kuru kiraz

Talimatlar

a) Fırını 375 ° F'ye ısıtın.
b) Büyük bir kapta kek karışımı, tereyağı, kahverengi şeker ve yumurtaları birleştirin ve meyilli olana kadar çırpın.
c) Granola ve beyaz çikolata parçacıklarını karıştırın. Yağlanmamış çerez sayfalarında yaklaşık 2 inç aralıklarla çay kaşığı bırakın.
d) 10-12 dakika veya kurabiyelerin kenarları hafif altın rengi olana kadar pişirin.
e) Kurabiye kağıtlarında 3 dakika soğutun, ardından tel rafa çıkarın.

20. Alman Kurabiyeleri

Yapım: 4 Düzine kurabiye

İçindekiler

- 1 18.25 onsluk kutu Alman çikolatalı kek karışımı
- 1 su bardağı yarı tatlı çikolata parçaları
- 1 su bardağı yulaf ezmesi
- $\frac{1}{2}$ su bardağı Zeytinyağı
- 2 yumurta, hafifçe dövülmüş
- $\frac{1}{2}$ su bardağı kuru üzüm
- 1 çay kaşığı vanilya

Talimatlar

a) Fırını 350 ° F'ye ısıtın.
b) Tüm malzemeleri birleştirin. Düşük hıza ayarlanmış bir elektrikli karıştırıcı kullanarak iyice karıştırın. Unlu kırıntılar oluşursa, bir damla su ekleyin.
c) Hamuru yağlanmamış bir çerez kağıdına kaşıkla bırakın.
d) 10 dakika pişirin.
e) Çerezleri tabakadan kaldırmadan ve servis tabağına almadan önce tamamen soğutun.

21.   anasonlu kurabiye

Porsiyon: 36

İçindekiler:

- 1 su bardağı şeker
- 1 su bardağı tereyağı
- 3 su bardağı un
- $\frac{1}{2}$ su bardağı süt
- 2 çırpılmış yumurta
- 1 yemek kaşığı kabartma tozu
- 1 yemek kaşığı badem özü
- 2 çay kaşığı anason likörü
- 1 su bardağı pudra şekeri

Talimatlar:

a) Fırını 375 derece Fahrenheit'e ısıtın.

b) Şeker ve tereyağını hafif ve kabarık olana kadar çırpın.

c) Un, süt, yumurta, kabartma tozu ve badem özünü yavaş yavaş ekleyin.

d) Hamur yapışkan hale gelene kadar yoğurun.

e) 1 inç uzunluğundaki hamur parçalarından küçük toplar oluşturun.

f) Fırını 350° F'ye önceden ısıtın ve bir fırın tepsisini yağlayın. Topları fırın tepsisine yerleştirin.

g) Fırını önceden 350 ° F'ye ısıtın ve kurabiyeleri 8 dakika pişirin.

h) Anason likörü, pudra şekeri ve 2 yemek kaşığı sıcak suyu bir karıştırma kabında birleştirin.

i) Son olarak kurabiyeler sıcakken kremaya batırılır.

22. tatlı yeşil kurabiye

İçindekiler:
- 165 gr yeşil bezelye.
- 80 gr doğranmış medjool hurması.
- 60 gr ipeksi tofu, ezilmiş.
- 100 gr badem unu.
- 1 çay kaşığı kabartma tozu.
- 12 badem.

Talimatlar:

a) Fırını 180°C/350°F'ye önceden ısıtın.

b) Bir mutfak robotunda bezelye ve tarihleri birleştirin.

c) Kalın macun oluşana kadar işlem yapın.

d) Bezelye karışımını bir kaseye aktarın. Tofu, badem unu ve kabartma tozunu karıştırın. Karışımı 12 top haline getirin.

e) Topları yağlı kağıt serili fırın tepsisine dizin. Her topu yağlanmış avuç içi ile düzleştirin.

f) Her kurabiyeye bir badem koyun. Çerezleri 25-30 dakika veya hafifçe altın rengi olana kadar pişirin.

g) Servis yapmadan önce bir tel raf üzerinde soğutun.

23.   Cikolatali yiginli kurabiye

İçindekiler:
- 2 su bardağı çok amaçlı glutensiz un.
- 1 çay kaşığı kabartma tozu.
- 1 çay kaşığı deniz tuzu.
- 1/4 su bardağı vegan yoğurt.
- 7 yemek kaşığı vegan tereyağı.
- 3 yemek kaşığı kaju tereyağı
- 1 1/4 su bardağı hindistan cevizi şekeri.
- 2 chia yumurtası.
- Bitter çikolata, porsiyonları soy.

Talimatlar:

a) Fırını 375 ° F'ye önceden ısıtın

b) Orta boy bir karıştırma kabında glütensiz un, tuz ve kabartma tozunu karıştırın. Tereyağını eritirken bir kenara koyun.

c) Tereyağı, yoğurt, kaju yağı, hindistancevizi şekerini bir kaseye koyun ve bir karıştırma standı veya el mikseri kullanarak bir araya gelene kadar birkaç dakika karıştırın.

d) Chia yumurtalarını ekleyin ve iyice karıştırın.

e) Unu chia yumurta karışımına ekleyin ve entegre olana kadar düşük hızda karıştırın.

f) Çikolata parçalarını katlayın.

g) Hamuru 30 dakika bekletmek için buzdolabına koyun.

h) Hamuru buzdolabından çıkarın ve yaklaşık 10 dakika oda sıcaklığına gelmesine izin verin ve parşömen kağıdıyla bir çerez kağıdını hizalayın.

i) Parşömen kağıdına 1 1/2 yemek kaşığı büyüklüğünde kurabiye hamurunu ellerinizi kullanarak alın. Her kurabiyenin arasında biraz boşluk bırakın.

j) Kurabiyeleri 9-11 dakika pişirin. Zevk içinde!

bisküvi

24. çikolatalı kek kurabiye

İçindekiler

- 1/3 su bardağı tereyağı, yumuşatılmış
- 2/3 su bardağı beyaz şeker
- 2 yumurta
- 1 çay kaşığı vanilya özü
- 13/4 su bardağı çok amaçlı un
- 1/3 su bardağı şekersiz kakao tozu
- 2 çay kaşığı kabartma tozu
- 1/2 su bardağı minyatür yarı tatlı çikolata parçaları
- 1/4 su bardağı kıyılmış ceviz
- 1 yumurta sarısı, çırpılmış
- 1 yemek kaşığı su

Talimatlar

a) Fırını 375 °F'ye (190 °C) önceden ısıtın. Fırın tepsilerini yağlayın veya parşömen kağıdıyla hizalayın.

b) Büyük bir kapta, tereyağı ve şekeri pürüzsüz olana kadar çırpın. Yumurtaları birer birer çırpın, ardından vanilyayı karıştırın. Un, kakao ve kabartma tozunu birleştirin; iyice karışana kadar kremalı karışıma karıştırın. Hamur sert olacak, bu yüzden son parçayı elinizle karıştırın. Damla çikolata ve cevizleri karıştırın.

c) Hamuru iki eşit parçaya bölün. 9x2x1 inçlik somunlara şekil verin. 4 inç aralıklarla fırın tepsisine yerleştirin. Su ve yumurta sarısı karışımı ile fırçalayın.

d) Önceden ısıtılmış fırında 20 ila 25 dakika veya sertleşene kadar pişirin. Fırın tepsisinde 30 dakika soğutun.

e) Tırtıklı bir bıçak kullanarak somunları çapraz olarak 1 inçlik dilimler halinde dilimleyin. Dilimleri yanlarına yerleştirerek fırın tepsisine geri koyun. Her iki tarafta 10 ila 15 dakika veya kuruyana kadar pişirin. Tamamen soğutun ve hava geçirmez bir kapta saklayın.

25. Bademli bisküvi

Verim: 42 porsiyon

İçindekiler

- ½ su bardağı Tereyağı veya margarin, Yumuşatılmış
- 1¼ su bardağı şeker
- 3 yumurta
- 1 çay kaşığı Vanilya özü veya anason Tatlandırıcı
- 2 fincan çok amaçlı un
- 2 çay kaşığı kabartma tozu
- 1 çizgi Tuz
- ½ su bardağı badem, doğranmış
- 2 çay kaşığı Süt

Talimatlar

a) Karıştırma kabında krema, tereyağı ve 1 su bardağı şeker. Her eklemeden sonra iyice çırparak yumurtaları teker teker ekleyin. Anason veya vanilyayı karıştırın.

b) Kuru malzemeleri birleştirin; kremalı karışıma ekleyin. Bademleri karıştırın.

c) Folyo ve gres folyo ile bir fırın tepsisini hizalayın. Hamuru ikiye bölün; folyo üzerinde dikdörtgenler halinde iki 12x3'e yayın. Süt ile fırçalayın ve kalan şekeri serpin. 375 derecede pişirin. 15 ila 20 dakika veya altın kahverengiye ve dokunuşa sertleşene kadar. Fırından çıkarın ve ısıyı 300 dereceye düşürün. Folyo ile dikdörtgenleri tel ızgara üzerine kaldırın;

15 dakika soğutun. Bir kesme tahtası üzerine yerleştirin; çapraz olarak ½ inç kalınlığında dilimleyin. Dilimleri kesik tarafı alta gelecek şekilde veya yağlanmamış fırın tepsisine yerleştirin. 10 dakika pişirin.

d) Çerezleri ters çevirin; 10 dk pişirin. daha fazla. Fırını kapatın, kurabiyeleri fırında bırakın; soğutmak için kapı aralık. Hava geçirmez kapta saklayın.

26.   anasonlu bisküvi

Verim: 1 porsiyon

İçindekiler

- 2 su bardağı + 2 yemek kaşığı un
- ¾ su bardağı şeker
- 1 yemek kaşığı anason tohumu, ezilmiş
- 1 çay kaşığı Kabartma tozu
- ½ çay kaşığı kabartma tozu
- ¼ çay kaşığı Tuz
- 3 Yumurta eşdeğeri
- 2 yemek kaşığı rendelenmiş taze limon kabuğu rendesi (veya
- 1 yemek kaşığı Kuru)
- 1 yemek kaşığı Taze limon suyu

Talimatlar

a) Fırını 325 derece F'ye önceden ısıtın. Fırın tepsisini yapışmaz sprey veya parşömenle kaplayın. Orta boy bir kapta un, şeker, anason tohumu, kabartma tozu, kabartma tozu ve tuzu birleştirin. Yumurta eşdeğerlerini, limon kabuğu rendesini ve limon suyunu birlikte çırpın ve kuru Malzemelere ekleyin. İyice karıştırın.

b) Unlu bir yüzey üzerinde çalışarak, hamuru her biri yaklaşık 14 inç uzunluğunda ve 1 ½ inç kalınlığında iki kütük haline getirin. Günlükleri hazırlanmış fırın tepsisine en az 4 inç aralıklarla yerleştirin (hamur pişirme sırasında yayılacaktır). Dokununca sertleşene kadar 20 ila 25 dakika pişirin.

c) Günlükleri soğutmak için rafa aktarın. Fırın sıcaklığını 300 derece F'ye düşürün. Tırtıklı bir bıçak ve yumuşak bir testere hareketi kullanarak kütükleri çapraz olarak $\frac{1}{2}$ inç kalınlığında dilimler halinde kesin. Dilimleri fırın tepsisine yan yana koyun ve fırına geri dönün.

d) 40 dakika pişirin. Fırından çıkarın ve saklamadan önce tamamen soğutun. Bisküviler soğudukça gevrekleşecektir. Hava geçirmez bir kapta bir aya kadar saklayın.

e) Yaklaşık 4 düzine bisküvi yapar.

27. Anason limonlu bisküvi

Verim: 1 Porsiyon

İçindekiler

- 2 su bardağı Ağartılmamış beyaz un
- 1 çay kaşığı Kabartma tozu
- $\frac{1}{4}$ çay kaşığı Tuz
- 1 su bardağı Şeker
- 2 bütün yumurta
- 1 Yumurta beyazı
- 2 yemek kaşığı Taze rendelenmiş limon kabuğu
- 1 yemek kaşığı öğütülmüş anason tohumu

Talimatlar

a) Fırını önceden 350 dereceye ısıtın. Pişirme spreyi veya çok hafif bir yağ tabakası ile bir fırın tepsisi hazırlayın. Büyük bir karıştırma kabında un, mısır unu, kabartma tozu ve tuzu birlikte eleyin. Yumurtaları hafifçe çırpın ve un karışımına ekleyin.

b) Akçaağaç şurubu, vanilya ve cevizleri hamur pürüzsüz olana kadar karıştırın. Kauçuk bir spatula ve unlanmış eller kullanarak, hamurun yarısını kaseden ve fırın tepsisinin bir tarafına alın. Hamuru 15 "uzunluğunda bir kütük haline getirin.

c) Kalan hamurla fırın tepsisinin diğer tarafına ikinci bir yufka yapın. Günlükleri en az 6 inç aralıklarla yerleştirin. Her bir bisküvi kütüğünün üst kısmı sertleşene kadar 25-30 dakika pişirin.

d) Uzun bir spatula ile tel rafa çıkarın ve 10-15 dakika soğutun. Her kütüğü ciddi bir diyagonal üzerinde yaklaşık $20\frac{1}{2}"$ kalınlığında dilimler halinde kesin ve bunları kesik tarafları aşağı gelecek şekilde fırın tepsisine yerleştirin. Fırın sıcaklığını 350 dereceye düşürün ve 15 dakika pişirin.

e) Fırından çıkmış sıcak bisküvilerin ortası biraz yumuşak olabilir ama soğudukça sertleşeceklerdir.

f) Tamamen soğumalarına izin verin. Bir teneke veya sıkıca kapatılmış başka bir kapta saklanırlar, en az birkaç hafta saklanırlar.

28.   vişneli bisküvi

Verim: 24 bisküvi

İçindekiler

- 2 fincan çok amaçlı un
- 1 su bardağı Şeker
- ½ çay kaşığı Kabartma tozu
- ½ çay kaşığı Tuz
- ¼ fincan Tereyağı; küçük parçalar halinde kesmek
- 1 su bardağı bütün badem; kaba pirzola
- 1 su bardağı bütün şekerlenmiş kiraz
- 2 büyük Yumurta; hafifçe dövülmüş
- ½ çay kaşığı Vanilya
- 1 yemek kaşığı Süt (isteğe bağlı)

Talimatlar

a) Fırını 350 dereceye kadar önceden ısıtın. Büyük fırın tepsisini yağlayın.

b) Un, şeker, kabartma tozu ve tuzu bir kapta birleştirin. Kaba kırıntılar oluşana kadar tereyağını hamur karıştırıcı ile kesin. Badem ve kirazları karıştırın. Yumurta ve vanilyayı iyice karışana kadar karıştırın Karışım ufalanırsa, süt ekleyin.

c) Karışımı ikiye bölün.

d) Hafifçe unlanmış yüzeyde, unlu ellerle hamuru birbirine bastırın ve iki adet 10 inçlik kütük haline getirin. 2-½-inç genişliğe düzleştirin. Günlükleri hazırlanan fırın tepsisine yerleştirin.

e) 350 derecelik fırında 30 ila 35 dakika pişirin. İki spatula ile günlükleri 20 dakika soğuması için rafa aktarın.

f) Tırtıklı bıçakla, her kütüğü çapraz olarak ¾ inç kalınlığında dilimler halinde kesin.

g) Fırın tepsisine dönün. 15 dakika veya kurabiyeler gevrek ve dokunulacak kadar sert olana kadar pişirin. Soğutmak için tel rafa aktarın. 2 haftaya kadar hava geçirmez bir kapta saklayın.

29. Fındık ve kayısı bisküvi

Verim: 1 Porsiyon

İçindekiler

- 4 su bardağı Un
- 2½ su bardağı Şeker
- 1 çay kaşığı Kabartma tozu
- ½ çay kaşığı Tuz
- 6 Yumurta
- 2 yumurta sarısı
- 1 yemek kaşığı Vanilya özü
- 1 su bardağı fındık, kavrulmuş, soyulmuş,
- doğranmış
- 1½ su bardağı ince doğranmış kuru kayısı
- 2 yemek kaşığı Su

Talimatlar

a) Fırını 350F'ye ısıtın.

b) Bu arada büyük bir kaseye un, şeker, kabartma tozu ve tuzu birlikte eleyin. Başka bir kapta 5 yumurta, 2 yumurta sarısı ve vanilyayı çırpın. Çırpılmış yumurtaları un karışımıyla karıştırın ve fındık ve kayısıları ekleyin.

c) Hafifçe unlanmış bir tahta üzerinde, hamuru 5-7 dakika veya eşit şekilde karışana kadar yoğurun. Hamur bir arada tutulamayacak kadar ufalanırsa, biraz su ekleyin. Hamuru 4 parçaya bölün ve her birini 2 inç çapında bir silindire yuvarlayın.

d) 2 silindiri 2 iyi yağlanmış fırın tepsisinin her birine 3 inç aralıklarla yerleştirin ve hafifçe düzleştirin. Kalan yumurtayı suyla çırpın ve her silindiri karışımla fırçalayın. Önceden ısıtılmış fırında 35 dakika veya katılaşana kadar pişirin.

e) Fırından çıkarın ve ısıyı 325F'ye düşürün. Bisküvileri yarım santim kalınlığında çapraz olarak dilimleyin. Dilimleri fırın tepsisine yayın ve 10 dakika ya da renklenmeye başlayana kadar fırına geri dönün. Soğumaya bırakın ve hava geçirmez bir kavanozda saklayın.

30. Limon biberiye bisküvi

Verim: 30 Porsiyon

İçindekiler

- ½ su bardağı Badem; bütün kızarmış
- ⅓ su bardağı Tereyağı; tatlı
- ¾ su bardağı Şeker; granül
- 2 yumurta; büyük
- 1 çay kaşığı Vanilya özü
- 3 çay kaşığı Limon kabuğu rendesi
- 2¼ fincan Çok amaçlı un
- 1½ çay kaşığı Taze biberiye; ince doğranmış
- ¼ çay kaşığı Tuz

Talimatlar

a) Tereyağı ve şekeri birlikte krema haline getirin. Yumurta, vanilya, limon kabuğu rendesi, biberiye, tuz ve kabartma tozunu ekleyin. Her seferinde bir bardak un ekleyin.

b) Yaklaşık 1 inç yüksekliğinde ve 2 inç genişliğinde 2 somun haline getirin. 325'F'de 25 dakika ya da altın kahverengi olana kadar pişirin.

c) Fırından çıkarın ve fırın tepsisini bir kesme tahtası üzerine kaydırın. Somunları yarım santim kalınlığında dilimler halinde kesin ve yanlarındaki fırın tepsisine geri koyun.

d) Fırın tepsisini tekrar fırına verin ve 10 dakika daha veya çıtır çıtır olana kadar pişirin.

ŞEKERLİ KURABİYELER

31. Badem şekerli kurabiye

Verim: 32 çerez

İçindekiler

- 5 yemek kaşığı Margarin (75 gr)
- $1\frac{1}{2}$ yemek kaşığı Fruktoz
- 1 yemek kaşığı Yumurta beyazı
- $\frac{1}{4}$ çay kaşığı Badem, vanilya veya limon özü
- 1 su bardağı Ağartılmamış un
- $\frac{1}{8}$ çay kaşığı kabartma tozu
- 1 tutam krem tartar
- 32 Badem dilimleri

Talimatlar

a) Fırını 350F'ye (180C) önceden ısıtın. Orta boy bir kapta margarin ve fruktozu hafif ve kabarık olana kadar çırpın. Yumurta akı ve badem özü ile karıştırın. Un, kabartma tozu ve tartar kremasını yavaş yavaş karıştırın; iyice karıştırın. $\frac{1}{2}$ inç ($1\frac{1}{2}$ cm) toplar oluşturun. Yapışmaz bir çerez kağıdına yerleştirin.

b) Düz tabanlı bir bardağı un haline getirin ve kurabiyeyi düzleştirmek için her bir topun üzerine bastırın. Her kurabiyeyi bir badem dilimi ile doldurun. Hafifçe kızarana kadar 8 ila 10 dakika pişirin. Soğutmak için parşömen veya yağlı kağıda aktarın.

32. Şekerli kurabiyeler

Yapım: 48 ÇEREZ

İçindekiler

- 1 18.25 ons beyaz çikolatalı kek karışımı
- ¾ su bardağı Tereyağı
- 2 yumurta akı
- 2 yemek kaşığı hafif krema

Talimatlar

a) Kek karışımını geniş bir kaseye alın. Bir hamur işi karıştırıcısı veya iki çatal kullanarak, parçacıklar ince olana kadar Tereyağı ile kesin.
b) Yumurta akı ve krema ile karışana kadar karıştırın. Hamuru top haline getirin ve üzerini örtün.
c) Buzdolabında en az iki saat en fazla 8 saat soğutun.
d) Fırını 375 ° F'ye ısıtın.
e) Hamuru 1 "toplar halinde yuvarlayın ve yağlanmamış çerez tabakalarına yerleştirin. Bir bardağın alt kısmı ile ¼" kalınlığa kadar düzleştirin.
f) 7-10 dakika veya kurabiye kenarları açık kahverengi olana kadar pişirin.
g) Kurabiye kağıtlarında 2 dakika soğutun, ardından tamamen soğuması için tel raflara çıkarın.

33. Buttercream Frosting ile Şekerli Kurabiye

VERİM: 5 DÜZİNE

İçindekiler

Kurabiye:

- 1 su bardağı tereyağı
- 1 su bardağı beyaz şeker
- 2 yumurta
- 1/2 çay kaşığı vanilya özü
- 31/4 su bardağı çok amaçlı un
- 1/2 çay kaşığı kabartma tozu
- 1/2 çay kaşığı kabartma tozu
- 1/2 çay kaşığı tuz

Buttercream buzlanma:

- 1/2 bardak kısaltma
- 1 pound şekerleme şekeri
- 5 yemek kaşığı su
- 1/4 çay kaşığı tuz
- 1/2 çay kaşığı vanilya özü
- 1/4 çay kaşığı tereyağı aromalı özü

Talimatlar

a) Büyük bir kapta tereyağı, şeker, yumurta ve vanilyayı hafif ve kabarık olana kadar elektrikli bir karıştırıcı ile karıştırın. Un, kabartma tozu, kabartma tozu ve tuzu birleştirin; un karışımını, sağlam bir kaşık kullanarak iyice karışana kadar yavaş yavaş tereyağı karışımına karıştırın. Hamuru 2 saat soğutun.

b) Fırını 400°F'ye (200°C) önceden ısıtın. Hafifçe unlanmış bir yüzeyde hamuru 1/4 inç kalınlığa kadar açın. Kurabiye kalıpları ile istediğiniz şekillerde kesin. Çerezleri yağlanmamış çerez sayfalarına 2 inç aralıklarla yerleştirin.

c) Önceden ısıtılmış fırında 4 ila 6 dakika pişirin. Çerezleri tavadan çıkarın ve tel raflarda soğutun.

d) Elektrikli bir karıştırıcı kullanarak, kısalma, şekerlemelerin şekeri, su, tuz, vanilya özü ve tereyağı aromasını kabarık olana kadar çırpın. Tamamen soğuduktan sonra kurabiyeleri dondurun.

34. bademli şekerli kurabiye

Verim: 1 Porsiyon

İçindekiler

- $2\frac{1}{4}$ fincan Çok amaçlı un
- 1 su bardağı Şeker
- 1 su bardağı Tereyağı
- 1 yumurta
- 1 çay kaşığı kabartma tozu
- 1 çay kaşığı vanilya
- 6 ons Badem tuğla uçları

Talimatlar

a) Fırını 350F'ye ısıtın. Çerez yapraklarını yağlayın. Büyük bir karıştırma kabında un, şeker, tereyağı, yumurta, kabartma tozu ve vanilyayı birleştirin. Orta hızda çırpın, kaseyi sık sık kazıyın, iyice karışana kadar 2 ila 3 dakika. Badem tuğla parçalarını karıştırın.

b) Yuvarlak çay kaşığı hamuru 1 inçlik toplar halinde şekillendirin. Hazırlanan çerez sayfalarına 2 inç yerleştirin. Çerezleri, şekere batırılmış tereyağlı camın alt kısmı ile $\frac{1}{4}$ inç kalınlığa kadar düzleştirin.

c) 8 ila 11 dakika veya kenarları çok hafif kızarana kadar pişirin. Hemen kaldırın.

35.   Amish şekerli kurabiye

Verim: 24 porsiyon

İçindekiler

- ½ bardak) şeker;
- ⅓ su bardağı Pudra Şekeri;
- ¼ fincan Margarin; (1/2 çubuk)
- ⅓ su bardağı sıvı yağ
- 1 yumurta; (büyük)
- 1 çay kaşığı vanilya
- 1 çay kaşığı limon veya badem aroması
- 2 yemek kaşığı Su
- 2¼ fincan Çok amaçlı un
- ½ çay kaşığı kabartma tozu
- ½ çay kaşığı Krem tartar;
- ½ çay kaşığı Tuz

Talimatlar

a) Şeker, margarin ve yağı bir karıştırma kabına alın ve krema kıvamına gelene kadar orta hızda karıştırın. Yumurta, vanilya, aroma ve su ekleyin ve bu malzemeleri eklemeden önce ve sonra kaseyi kazıyarak 30 saniye orta hızda karıştırın.

b) İyice karıştırmak için kalan malzemeleri karıştırın; kremalı karışıma ekleyin ve karıştırmak için orta hızda karıştırın.

Top başına 1 yemek kaşığı hamur kullanarak 24 top haline getirin.

c) Topları, sprey ile püskürtülmüş veya alüminyum folyo ile kaplanmış çerez tabakalarına yerleştirin. Suya batırılmış bir çorba kaşığının arkasıyla topları $\frac{1}{2}$'ye eşit şekilde bastırın.

d) 375'te 12 ila 14 dakika veya kurabiyeler altta kızarana ve kenarlarda hafifçe kızarana kadar pişirin. Çerezleri bir tel rafa çıkarın ve oda sıcaklığına soğutun.

36. Temel domuz yağı şekerli kurabiye

Verim: 1 porsiyon

İçindekiler

- ¾ su bardağı domuz yağı
- ¾ su bardağı Paketlenmiş esmer şeker
- 1 adet Yumurta
- 1 çay kaşığı vanilya
- 1 çay kaşığı Kabartma tozu

2 bardak un

Talimatlar

a) Domuz yağı, şeker ve yumurtayı krema kıvamına gelene ve iyice karışana kadar çırpın.

b) Vanilyayı karıştırın ve bir hamur oluşana kadar kabartma tozu ve unu ekleyin.

c) Hamuru yaklaşık 1 inç çapında toplar haline getirin ve bir çerez kağıdına yerleştirin.

d) Yuvarlak bir kurabiye yapmak için topları parmaklarınızla hafifçe düzleştirin. (Şekerli kurabiyeler için biraz şeker serpin.) Önceden ısıtılmış 350 fırında kenarları güzelce kızarana kadar pişirin.

e) Çıkarın ve soğumaya bırakın.

37. Tarçınlı şekerli kurabiye

Verim: 48 Porsiyon

İçindekiler
- 2½ su bardağı Un
- ½ su bardağı Tereyağı
- 2½ çay kaşığı Kabartma tozu
- ¾ su bardağı şeker
- ¼ çay kaşığı Tuz
- 1 yumurta; dövülmüş
- ⅛ çay kaşığı tarçın
- ½ su bardağı Tereyağı
- Şeker Karışımı
- ½ bardak) şeker
- 1 çay kaşığı Tarçın

Talimatlar

a) Unu kabartma tozu, tuz ve ⅛ çay kaşığı tarçınla karıştırın. Başka bir kapta, kremayı kısaltın ve hafif ve kabarık olana kadar şeker. yumurta ekleyin ve iyice çırpın.
b) Unun ⅓sini karıştırın, ardından her ekleme arasında karıştırarak süt ve kalan unu ekleyin. Daha fazla un eklemeyin, soğuduktan sonra ele yapışmayacak yumuşak bir hamur olacak.
c) Hamuru iyice soğuyana kadar birkaç saat buzdolabında soğutun. Hamurdan kaşık kaşık alıp top haline getirin.
d) Hamur toplarını tarçın/şeker karışımında yuvarlayın ve düzleştirin ve yağlanmış bir kurabiye tepsisine yerleştirin ve 375 derecede yaklaşık 12 dakika pişirin.

38. Kırık şekerli kurabiye

Verim: 48 Porsiyon

İçindekiler
- 1¼ su bardağı şeker
- 1 su bardağı Tereyağı, yumuşatılmış
- 3 büyük yumurta sarısı, çırpılmış
- 1 çay kaşığı Vanilya özü
- 2½ su bardağı elenmiş çok amaçlı un
- 1 çay kaşığı kabartma tozu
- ½ çay kaşığı krem tartar

Talimatlar

a) Fırını 350 dereceye kadar önceden ısıtın. İki çerez yaprağını hafifçe yağlayın. Şeker ve tereyağını hafif olana kadar birlikte kremleyin. Sarısı ve vanilyada çırpın.
b) Ölçülen elenmiş un, kabartma tozu ve tartar kremasını birlikte eleyin, ardından tereyağlı şeker karışımına katlayın.
c) Hamuru ceviz büyüklüğünde toplar yapın. Çerez sayfalarına 2 "ayrı yerleştirin. Düzleştirmeyin.
d) Üstleri çatlayana ve rengi dönene kadar yaklaşık 11 dakika pişirin. Tel rafta soğutun. 4 düzine yapar.

39. Pekan şekerli kurabiye

Verim: 1 Porsiyon

İçindekiler
- $1\frac{1}{4}$ fincan Şeker, açık kahverengi Su
- 3 yemek kaşığı Bal
- 1 yumurta
- $2\frac{1}{3}$ su bardağı Un
- 1 su bardağı Ceviz, kaba öğütülmüş
- $2\frac{1}{2}$ yemek kaşığı Tarçın
- 1 yemek kaşığı kabartma tozu
- 1 yemek kaşığı Yenibahar

Talimatlar

a) Karıştırma kabında esmer şeker, su, bal ve yumurtayı birleştirin. Mikserle yaklaşık 10 saniye çırpın.
b) Ayrı bir kapta un, ceviz, tarçın, yenibahar ve kabartma tozu, kabartma tozunu iyice karıştırın.
c) Islak Malzemelere ekleyin ve karıştırın. Yağlanmış kurabiye tepsisine çay kaşığı ile meyilli bırakın. 375 derecede 12 dakika pişirin.
d) Yaklaşık 3 düzine kurabiye yapar. Saklamadan önce iyice soğumaya bırakın.

40. Baharatlı şekerli kurabiye

Verim: 40 Kurabiye

İçindekiler

- ¾ su bardağı oda sıcaklığında sebze katı yağı
- 1 su bardağı sıkıca paketlenmiş açık kahverengi şeker
- 1 büyük Yumurta, hafifçe dövülmüş
- ¼ su bardağı Kükürtsüz pekmez
- 2 fincan çok amaçlı un
- 2 çay kaşığı kabartma tozu
- 1 çay kaşığı Tarçın
- 1 çay kaşığı öğütülmüş zencefil
- ½ çay kaşığı öğütülmüş karanfil
- ¼ çay kaşığı Tuz
- Hamur toplarını daldırmak için toz şeker.

Talimatlar

a) Bir kapta tereyağını kahverengi şekerle karışım hafif ve kabarık olana kadar krema haline getirin ve yumurta ve pekmezi karıştırın. Başka bir kapta un, kabartma tozu, tarçın, zencefil, karanfil ve tuzu birlikte eleyin, un karışımını kümeler halinde katı yağ karışımına ekleyin ve hamuru iyice karıştırın. Hamuru üzeri kapalı olarak 1 saat dinlendirin.

b) Hamurun yemek kaşığını toplar halinde yuvarlayın, her bir topun bir tarafını toz şekere daldırın ve topları şekerli tarafları yukarı gelecek şekilde yağlanmış fırın tepsisine yaklaşık 3 inç aralıklarla yerleştirin. Kurabiyeleri, önceden ısıtılmış 375 derece F fırının ortasında 10 ila 12 dakika veya üzerleri kabarıp çatlayana kadar gruplar halinde pişirin. Çerezleri metal bir spatula ile raflara aktarın ve soğumaya bırakın. Yaklaşık 40 kurabiye yapar.

41.   Fıstıklı şekerli kurabiye

Verim: 1 porsiyon

İçindekiler
- $\frac{1}{2}$ su bardağı Tereyağı
- 1 su bardağı Şeker
- 1 büyük yumurta
- 1 çay kaşığı vanilya
- $1\frac{1}{4}$ su bardağı elenmiş un
- 1 çay kaşığı Kabartma tozu
- $\frac{1}{4}$ çay kaşığı Tuz
- $\frac{1}{3}$ su bardağı ince kıyılmış antep fıstığı

Talimatlar

a) Büyük bir kapta, tereyağı ve şekeri yumuşak ve kabarık olana kadar krema; yumurta ve vanilyada çırpın. Un, kabartma tozu ve tuzu birleştirin; kremalı karışıma ekleyin ve iyice karıştırın. Hamuru iyice soğutun.

b) Fırını 375ø'ye ısıtın. Hafifçe unlanmış tahta üzerinde hamuru yarım santim kalınlığında açın. Kurabiye kalıplarıyla kesin ve yağlanmamış kurabiye kağıtlarına dizin. Üzerine kıyılmış fıstık serpin; hafifçe bastırın.

c) 375ø'de yaklaşık 5 dakika veya kenarları kahverengileşmeye başlayana kadar pişirin.

d) Soğutmak için tel raflara çıkarın.

PEYNİRLİ kurabiye

42. Peynirli meze kurabiyeleri

Verim: 1 Porsiyon

İçindekiler

- 4 ons (1 su bardağı) rendelenmiş keskin kaşar peyniri.
- ½ su bardağı Mayonez veya yumuşatılmış tereyağı
- 1 fincan çok amaçlı un
- ½ çay kaşığı Tuz
- 1 çizgi Öğütülmüş kırmızı biber

Talimatlar

a) Unu ölçü kabına hafifçe dökün; seviye atla.

b) Orta boy bir tabakta peynir, margarin, un, tuz ve kırmızı biberi karıştırın. İyice karıştırın ve 1 saat boyunca örtün ve soğutun.

c) Hamuru 1 inçlik toplar haline getirin.

d) Yağlanmamış ızgara üzerine 2 inç aralıklarla yerleştirin. Çatal uçlarıyla düzleştirin veya una batırılmış et yumuşatıcının yüzeyini kullanın.

e) İstenirse, hafifçe kırmızı biber serpin.

f) 10 ila 12 dakika ızgara yapın

43. Çikolata parçacıklı kurabiye

Porsiyon: 12 kurabiye

İçindekiler:

- ½ su bardağı tereyağı
- ⅓ su bardağı krem peynir
- 1 yumurta çırpılmış
- 1 çay kaşığı vanilya özü
- ⅓ fincan eritritol
- ½ su bardağı hindistan cevizi unu
- ⅓ su bardağı şekersiz damla çikolata

Talimatlar:

a) Hava fritözünü 350°F'ye önceden ısıtın. Havalı fritöz sepetini parşömen kağıdı ile hizalayın ve çerezleri içine yerleştirin.

b) Bir kapta tereyağı ve krem peyniri karıştırın. Eritritol ve vanilya özü ekleyin ve kabarık olana kadar çırpın. Yumurtayı ekleyin ve karışana kadar çırpın. Hindistan cevizi unu ve çikolata parçacıklarını karıştırın. Hamuru 10 dakika dinlenmeye bırakın.

c) Yaklaşık 1 yemek kaşığı hamurdan alıp kurabiye şekli verin.

d) Çerezleri hava fritözü sepetine koyun ve 6 dakika pişirin.

44. Kayısılı krem peynirli kurabiye

Verim: 4 Porsiyon

İçindekiler

- 1½ su bardağı Margarin
- 1½ su bardağı Şeker
- 8 ons Philadelphia krem peynir
- 2 Yumurta
- 2 yemek kaşığı Limon suyu
- 1½ çay kaşığı Limon kabuğu rendesi
- 4½ su bardağı Un
- 1½ çay kaşığı Kabartma tozu
- kayısı dolgusu
- Şeker, şekerlemeciler
- 11 ons Kayısı, kuru
- ½ bardak) şeker

Talimatlar

a) Margarin, şeker ve yumuşamış krem peyniri iyice çırpın.
b) harmanlanmış. Yumurta, limon suyu ve kabuğu ile karıştırın. Krem peynir karışımına birleştirilmiş kuru Malzemeler ekleyin ve iyice karıştırın ve soğutun. Orta boy top haline getirin. Yağlanmamış çerez kağıdına yerleştirin. Hafifçe düzleştirin, ortasını girinti yapın, kayısı dolgusunu ortasına koyun. 15 dakika boyunca 350 derecede pişirin. Hafifçe soğutun ve üzerine pudra şekeri serpin.
c) **Dolgu:** 1 adet koyun. (11 oz.) Kayısıları tencereye alıp üzerini geçecek kadar su ilave edin. ½ su bardağı (veya tadına göre) şeker ekleyin ve kaynatın.
d) Kapağını kapatıp 10 dakika veya kayısılar yumuşayana ve suyunun çoğu emilene kadar pişirin. Elekten geçirin veya karıştırıcıda döndürün. 2 bardak yapar.

45. Peynir fıstık ezmeli kurabiye

Verim: 12 porsiyon

İçindekiler
- ½ su bardağı Fıstık Ezmesi
- 1 su bardağı Rendelenmiş Keskin veya Hafif
- Çedar peyniri
- ⅔ su bardağı Tereyağı, Yumuşatılmış
- 1½ su bardağı Ağartılmamış Çok Amaçlı Un
- ½ çay kaşığı Tuz

Talimatlar

a) Orta boy bir kapta fıstık ezmesi, peynir, tereyağı, un ve tuzu birleştirin. İyice karıştırın. Örtün ve 1 saat soğutun.
b) Fırını 375 Derece F'ye ısıtın. Hamurun çay kaşığını 2 inç aralıklarla bir çerez tepsisine yerleştirin ve 10 ila 12 dakika veya altın rengi kahverengi olana kadar pişirin.

46. Kulübe Peynir Çerezler

Verim: 6 Porsiyon

İçindekiler
- ½ su bardağı Tereyağı veya tereyağı yerine
- 1½ su bardağı Un
- 2 çay kaşığı kabartma tozu
- ½ su bardağı süzme peynir
- ½ bardak) şeker
- ½ çay kaşığı Tuz

Talimatlar

a) Krem tereyağı ve peynir iyice karışana kadar. Unu eleyin, ölçün ve şeker, kabartma tozu ve tuz ile eleyin. İlk karışıma yavaş yavaş ekleyin. Bir somun haline getirin. Gece boyunca soğutun. İnce dilimleyin.

b) Hafif yağlanmış fırın tepsisine dizin. Orta fırında (400 F) 10 dakika veya hassas kahverengiye kadar pişirin.

47. Süzme peynirli yulaf ezmeli kurabiye

Verim: 1 Porsiyon

İçindekiler
- 1 su bardağı Un
- 1 çay kaşığı Tuz
- ½ çay kaşığı kabartma tozu
- 1 çay kaşığı Tarçın
- 1½ su bardağı Şeker
- ½ su bardağı pekmez
- 1 Yumurta çırpılmış
- 1 çay kaşığı Limon kabuğu
- 1 yemek kaşığı Limon suyu
- ¾ fincan Erimiş katı yağ
- ½ su bardağı kremalı süzme peynir
- 3 su bardağı Hızlı pişirme haddelenmiş yulaf

Talimatlar

a) Un, tuz, kabartma tozu ve tarçını birlikte eleyin. Sonraki beş Malzemeyi karıştırın, ardından elenmiş un karışımını, katı yağı ve süzme peyniri ekleyin.

b) Haddelenmiş yulafta karıştırın. Yağlanmış kurabiye tepsisine çay kaşığı kadar damlatın ve kızarana kadar 350-375'te pişirin. 4 düzine kurabiye yapar.

48.   Krem peynir ve jöleli kurabiye

Verim: 36 Çerez

İçindekiler
- $\frac{1}{2}$ su bardağı margarin, yumuşatılmış
- 8 ons Pk. azaltılmış=yağlı krem peynir, yumuşatılmış
- $2\frac{1}{2}$ çay kaşığı tatlandırıcı
- 2 fincan çok amaçlı un
- $\frac{1}{4}$ çay kaşığı Tuz
- $\frac{1}{4}$ su bardağı vişne VEYA çekirdeksiz ahududu sürülebilir meyve

Talimatlar

a) Margarini, krem peyniri ve Equal Measure'ı orta boy bir kapta kabarık olana kadar çırpın; un ve tuzu karıştırarak yumuşak bir hamur elde edin. Hamur sertleşene kadar, yaklaşık 3 saat buzdolabında, üstü kapalı.

b) Hamuru hafifçe unlanmış yüzeyde $\frac{1}{8}$ inç kalınlığında daire şeklinde yuvarlayın, 3 inçlik kesici ile yuvarlak kesin. Her turun ortasına yuvarlak $\frac{1}{4}$ çay kaşığı sürülebilir meyve koyun; yuvarlakları ikiye katlayın ve kenarları çatal uçlarıyla sıkıca kıvırın. Kurabiyelerin üst kısımlarını keskin bir bıçakla delin.

c) Önceden ısıtılmış 350° fırında yağlanmış kurabiye tepsilerinde hafif kızarana kadar yaklaşık 10 dakika pişirin. Tel raflarda soğutun.

49. Krem peynirli kesme kurabiyeler

Verim: 5 porsiyon

İçindekiler
- 1 su bardağı Şeker;
- 1 su bardağı Margarin; yumuşatılmış -=VEYA=-
- 1 su bardağı Tereyağı
- 1 paket (3 ons) krem peynir, yumuşatılmış
- 1 çay kaşığı vanilya
- 1 yumurta;
- $2\frac{1}{2}$ fincan Çok amaçlı un; -=VEYA=-
- $2\frac{1}{2}$ su bardağı Ağartılmamış un
- $\frac{1}{4}$ çay kaşığı Tuz;
- Renkli şeker; İSTENİRSE

Talimatlar

a) Büyük bir kapta şeker, margarin, krem peyniri hafif ve kabarık olana kadar çırpın. Vanilya ve yumurtayı ekleyin, iyice karıştırın.

b) Unu ölçü kabına hafifçe kaşıklayın, düzleştirin. Un ve tuzu margarine karıştırın; iyice karıştırın. plastik sargı ile örtün; buzdolabında bir ila iki saat daha kolay kullanım. Isı fırını 375 F.

c) Hafifçe unlanmış olarak; kalınlık; kalan hamuru soğutun. Açtığınız hamurları un serpilmiş kurabiye kalıpları ile istediğiniz şekillerde kesin. Yağlanmamış çerez kağıdına 1 "ayrı yerleştirin.

d) Kurabiyeleri sade bırakın veya renkli şeker serpin.

e) Kurabiyeleri 375 derecede 7 - 10 dakika veya kenarları hafif kızarana kadar pişirin. Bir dakika soğutun; çerez sayfalarından çıkarın. İsterseniz sade kurabiyeleri süsleyin ve süsleyin.

50.   Jumbo krem peynirli fıstık ezmeli kurabiye

Verim: 12 porsiyon

İçindekiler
- 1 Rulo Soğutulmuş Dilim ve Fırında Kurabiye
- ¾ su bardağı Fıstık Ezmesi
- 4 ons Krem Peynir; yumuşatılmış
- 3 yemek kaşığı Şeker
- ⅛ çay kaşığı Tuz
- 3 yemek kaşığı Margarin veya Tereyağı, Yumuşatılmış
- 2 yemek kaşığı Süt
- 2 çay kaşığı Vanilya Özü
- ½ su bardağı Fıstık; doğranmış

Talimatlar

a) Fırını 375 Derece F'ye ısıtın. Kurabiye hamurunu 12 inçlik bir pizza tepsisine yuvarlayın. 12 ila 13 dakika veya altın kahverengiye kadar pişirin.

b) Dokununca soğuyana kadar soğumaya bırakın. Küçük bir kapta fıstık ezmesi, krem peynir, şeker, tuz, margarin, süt ve vanilyayı birleştirin. Hafif ve kabarık olana kadar bir elektrikli karıştırıcının orta hızında çırpın. Karışımı kurabiyenin üzerine yayın ve kıyılmış fıstık serpin. Takozlar halinde kesin.

51.   Meksika peynirli kurabiye

Verim: 24 Porsiyon

İçindekiler
- ½ bardak) şeker
- ⅓ su bardağı margarin
- 1 su bardağı Monterey peyniri -- rendelenmiş
- 1 fincan çok amaçlı un
- 1 çay kaşığı Kabartma tozu
- ¼ çay kaşığı Tuz
- 1 büyük Yumurta - dövülmüş

Talimatlar

a) Fırını 375 dereceye ısıtın. 1-Şeker ve yumuşamış margarini karıştırın; peynirle karıştırın. Yumurta hariç kalan malzemeleri karıştırın. 2- Hamuru çay kaşığıyla yaklaşık 3½ x ½ inç çubuklar halinde yuvarlayın. Hafifçe yağlanmış çerez kağıdına yerleştirin. Düzleştirmek için çubuklara hafifçe bastırın. Çırpılmış yumurta ile fırçalayın.
b) 3-Sadece kenarları açık kahverengi olana kadar pişirin, 8-10 dakika. Hemen levhadan çıkarın ve tel raflarda soğutun. Bu eşsiz çerezler gevrek.

52.   Portakallı krem peynirli kurabiye

Verim: 48 porsiyon

İçindekiler
- ½ fincan Kısaltma
- 2 yumurta
- 2 yemek kaşığı rendelenmiş portakal kabuğu
- 2 su bardağı elenmiş un
- 12 ons çikolata parçaları
- 1 su bardağı Şeker
- 8 ons Krem peynir
- 2 çay kaşığı Vanilya
- 1 çay kaşığı Tuz

Talimatlar

a) Krema, şeker ve yumurta birlikte; krem peynir, portakal kabuğu ve vanilyayı ekleyin. Tuz eklenmiş unu yavaş yavaş ekleyin; iyice karıştırın.
b) Çikolata parçalarıyla karıştırın. Çay kaşığından yağlanmamış çerez kağıdına bırakın.
c) 350 derecelik fırında yaklaşık 10 ila 12 dakika pişirin.

53. Otlu peynirli elmalı kurabiye

Verim: 1 Porsiyon

İçindekiler
- ¾ su bardağı Çok amaçlı un
- ¾ su bardağı Tam buğday unu
- 1 su bardağı keskin kaşar, rendelenmiş
- 4 yemek kaşığı Tereyağı aromalı katı yağ
- 1 yumurta
- ½ su bardağı Tereyağı
- 2 Elma, soyulmuş, özlü ve ince doğranmış
- 1 çay kaşığı taze maydanoz, doğranmış

Talimatlar

a) Fırını 400øF'ye ısıtın. Unları ve peyniri birleştirin ve kısaltarak kesin. Yumurtayı ayranla çırpın ve un karışımına dökün.

b) Islak un karışımına elma ve maydanozu ekleyin ve yumuşak bir hamur oluşana kadar karıştırın. Yemek kaşığı ile yağlanmamış bir çerez kağıdına bırakın ve 15 ila 20 dakika pişirin.

54. Ricotta peynirli kurabiye

Verim: 5-8 Porsiyon

İçindekiler
- ½ kilo margarin
- 2 yumurta
- 1 kilo ricotta peyniri
- 2 su bardağı Şeker
- 1 çay kaşığı Kabartma tozu
- 1 çay kaşığı kabartma tozu
- 4 su bardağı Un
- 2 çay kaşığı Vanilya veya limon özü
- ¼ çay kaşığı Hindistan cevizi

Talimatlar

a) Tereyağı ve şekeri krema haline getirin ve ardından özü ekleyin. Her eklemeden sonra iyice çırparak yumurtaları teker teker ekleyin. Peyniri ekleyip 1 dk çırpın.

b) Kuru malzemeleri yavaş yavaş ekleyin. Yağlanmamış çerez kağıdına çay kaşığı bırakın. 12-15 dakika 350°'de pişirin.

c) Soğuması için rafa kaldırın ve istenirse pudra şekeri serpin.

55. Chewy çikolatalı krem peynirli kurabiye

Verim: 48 Porsiyon

İçindekiler
- 8 ons Hafif krem peynir
- ½ su bardağı Margarin
- 1 yumurta
- 1½ su bardağı Şeker
- 300 gram çikolata parçaları; bölünmüş
- 2¼ su bardağı Un
- 1½ çay kaşığı kabartma tozu
- ½ su bardağı dövülmüş ceviz

Talimatlar

a) Krem peyniri tereyağı, yumurta ve şekerle hafif ve kabarık olana kadar çırpın. 1 su bardağı damla çikolatayı eritin.
b) Hamurun içine karıştırın. Un, kabartma tozu ve ceviz ile birlikte kalan çikolata parçalarını karıştırın. Yemek kaşığından yağlanmamış çerez kağıdına bırakın.
c) 350 derecede 10-12 dakika veya kenarları sertleşene kadar pişirin. Çerez sayfalarından çıkarın ve soğutun.

ZENCEFİLLİ KURABİYELER

56.   Büyükannenin Gingersnaps

İçindekiler

- 3/4 su bardağı margarin
- 1 su bardağı beyaz şeker
- 1 yumurta
- 1/4 su bardağı pekmez
- 2 fincan çok amaçlı un
- 1 yemek kaşığı öğütülmüş zencefil
- 1 çay kaşığı öğütülmüş tarçın
- 2 çay kaşığı kabartma tozu
- 1/2 çay kaşığı tuz
- 1/2 su bardağı beyaz şeker dekorasyon için

Talimatlar

a) Fırını 350°F'ye (175°C) önceden ısıtın.

b) Orta boy bir kapta margarin ve 1 su bardağı beyaz şekeri pürüzsüz olana kadar çırpın. Yumurtayı ve pekmezi iyice karışana kadar çırpın. Un, zencefil, tarçın, kabartma tozu ve tuzu birleştirin; bir hamur oluşturmak için pekmez karışımına karıştırın. Hamuru 1 inçlik toplara yuvarlayın ve topları kalan şekerde yuvarlayın. Çerezleri yağlanmamış çerez sayfalarına 2 inç aralıklarla yerleştirin.

c) Önceden ısıtılmış fırında 8-10 dakika pişirin. Tamamen soğuması için bir tel rafa çıkarmadan önce kurabiyeleri fırın tepsisinde 5 dakika soğumaya bırakın.

57. zencefilli kurabiye çocuklar

İçindekiler

- 1 su bardağı tereyağı, yumuşatılmış
- 1 1/2 su bardağı beyaz şeker
- 1 yumurta
- 1 1/2 yemek kaşığı portakal kabuğu rendesi
- 2 yemek kaşığı koyu mısır şurubu
- 3 su bardağı çok amaçlı un
- 2 çay kaşığı kabartma tozu
- 2 çay kaşığı öğütülmüş tarçın
- 1 çay kaşığı öğütülmüş zencefil
- 1/2 çay kaşığı öğütülmüş karanfil
- 1/2 çay kaşığı tuz

Talimatlar

a) Tereyağı ve şekeri birlikte krema haline getirin. Yumurtayı ekleyin ve iyice karıştırın. Portakal kabuğu ve koyu mısır şurubunu karıştırın. Un, kabartma tozu, tarçın, zencefil, öğütülmüş karanfil ve tuzu ekleyin, iyice birleşene kadar karıştırın. Hamuru en az 2 saat soğutun.

b) Fırını önceden 375 °F'ye (190 °C) ısıtın. Çerez yapraklarını yağlayın. Hafifçe unlanmış bir yüzeyde, hamuru 1/4 inç kalınlığa kadar açın. Kurabiye kalıpları ile istediğiniz şekillerde kesin. Hazırlanan çerez sayfalarına çerezleri 1 inç aralıklarla yerleştirin.

c) Önceden ısıtılmış fırında 10-12 dakika, kurabiyeler sertleşip kenarları hafif kızarana kadar pişirin.

58. çikolatalı rom topları

İçindekiler

- 3 1/4 su bardağı ezilmiş vanilyalı gofret
- 3/4 su bardağı şekerleme şekeri
- 1/4 su bardağı şekersiz kakao tozu
- 1 1/2 su bardağı kıyılmış ceviz
- 3 yemek kaşığı hafif mısır şurubu
- 1/2 bardak rom

Talimatlar

a) Büyük bir kapta ezilmiş vanilyalı gofretleri, 3/4 fincan şekerleme şekerini, kakaoyu ve kuruyemişleri karıştırın. Mısır şurubu ve romla karıştırın.

b) 1 inçlik toplara şekil verin ve ek şekerlemelerin şekerinde yuvarlayın. Lezzeti geliştirmek için hava geçirmez bir kapta birkaç gün saklayın. Servis yapmadan önce tekrar pudra şekerine bulayın.

59.   Zencefilli pekmezli kurabiye

Verim: 72 Porsiyon

İçindekiler

- 2½ su bardağı Un
- 2 çay kaşığı öğütülmüş zencefil
- 1 çay kaşığı Tarçın
- 2 çay kaşığı kabartma tozu
- ½ çay kaşığı Tuz
- 12 yemek kaşığı Tuzsuz Tereyağı
- 1 su bardağı esmer şeker
- 1 yumurta
- ⅓ su bardağı pekmez
- Yuvarlamak için şeker

Talimatlar

a) Un, baharatlar, soda ve tuzu birleştirin. Orta-düşük hızda bir elektrikli karıştırıcı ile hafif ve kabarık olana kadar tereyağı ve şekeri çırpın. Yumurta ve pekmezde çırpın. Hızı düşürün ve sadece karışana kadar yavaş yavaş un karışımı ekleyin. Sertleşene kadar soğutun, yaklaşık 1 saat. Fırını 350~'ye ısıtın.

b) Hamuru yaklaşık 1 "top haline getirin, şekeri yuvarlayın ve bir fırın tepsisine yaklaşık 2" yerleştirin. Kenarları kahverengileşmeye başlayana kadar pişirin, yaklaşık 15 dk. Fırın tepsisinde 2 dakika soğutun, ardından tel raflara geçin.

60.   Chewy zencefilli Noel kurabiyeleri

Verim: 1 Porsiyon

İçindekiler

- 2 su bardağı Şeker
- 1 su bardağı pekmez
- 1 su bardağı Crisco
- 2 yumurta
- 2 çay kaşığı soda
- 4 su bardağı Un
- 2 çay kaşığı zencefil
- 2 çay kaşığı Tarçın
- 1 çay kaşığı Karanfil
- ½ çay kaşığı Tuz

Talimatlar

a) Elle iyice karıştırın ve ekleyin: Hepsini karıştırın (elle - mikserle değil).

b) Küçük ceviz büyüklüğünde toplar yapın, ardından kırmızı ve yeşil renkli şekere yuvarlayın. Yaklaşık 9 dakika 350 derecede pişirin. Kurabiyeler tam olarak bitmiş görünmeyecek, ancak sertleşene kadar onları pişirmeyin. Kurabiyeler dibe çökecek ve içlerinde çatlaklar oluşacaktır.

61. Zencefilli kurabiye bırak

Verim: 1 Porsiyon

İçindekiler

- 1 su bardağı Şeker
- 1 su bardağı pekmez
- 1 su bardağı Kısaltma
- 3 yumurta
- 1 su bardağı Su; sıcak
- 1 yemek kaşığı kabartma tozu
- 1 yemek kaşığı zencefil
- 1 çay kaşığı Tuz
- 5 su bardağı Un

Talimatlar

a) Krem kısalma ve şeker. Yumurtaları ekleyin, iyice çırpın. Pekmez, zencefil ve tuzu ekleyin. Tekrar yendi. Sıcak suya soda ekleyin. İyice karıştırın.

b) Yukarıdaki karışıma ekleyin. Unu ilave edip yağlanmış tepsiye kaşık kaşık bırakın.

c) Orta derecede fırında pişirin.

62. Zencefilli limonlu kurabiye

Verim: 36 porsiyon

İçindekiler
- ¼ pound Tuzsuz tereyağı
- ¾ su bardağı Şeker; artı
- 2 yemek kaşığı Şeker-- artı daha fazlası
- yağmurlama için
- 1 büyük yumurta
- 1 yemek kaşığı rendelenmiş limon kabuğu rendesi
- 1⅓ fincan Çok amaçlı un
- ½ çay kaşığı öğütülmüş zencefil
- ½ çay kaşığı kabartma tozu
- ¼ çay kaşığı Tuz
- 1/8 "zar içinde ¼ fincan Kristalize zencefil

Talimatlar

a) Fırını 350 dereceye ısıtın. Parşömenli satır 2 fırın tepsisi; bir kenara koyun.

b) Elektrikli bir karıştırıcıda, tereyağı ve şekeri orta-yüksek hızda hafif ve kabarık olana kadar yaklaşık 5 dakika karıştırmak için kürek kullanın, kasenin kenarlarını iki kez kazıyın. Yumurta ekleyin; birleştirmek için yüksek hızda karıştırın.

c) lezzet ekleyin; birleştirmek için karıştırın. Bir kapta un, öğütülmüş zencefil, kabartma tozu, tuz ve kristalize zencefili karıştırın, tereyağı karışımına ekleyin; birleştirmek için orta-düşük hızda karıştırın, yaklaşık 20 saniye. İki kaşık kullanarak, fırın tepsisine yaklaşık 2 çay kaşığı hamur dökün; tekrarlayın, aralarında 2 inç boşluk bırakın.

d) 7 dakika pişirin. 3 düzine yapar.

63.   Az yağlı zencefilli kurabiye

Verim: 1 Porsiyon

İçindekiler
- 1 su bardağı Paketlenmiş esmer şeker
- ¼ fincan elma püresi
- ¼ su bardağı pekmez
- 1 büyük yumurta
- 2¼ su bardağı Un
- 3 çay kaşığı öğütülmüş zencefil
- 1½ çay kaşığı Tarçın
- ¼ çay kaşığı öğütülmüş karanfil
- 1 çay kaşığı kabartma tozu
- ¼ su bardağı Beyaz şeker

Talimatlar

a) Büyük bir kapta esmer şeker, elma püresi, pekmez ve yumurtayı pürüzsüz olana kadar çırpın. Başka bir kapta kalan malzemeleri (beyaz şeker hariç) birleştirin ve ıslak karışıma karıştırın. En az 2 saat veya gece boyunca örtün ve soğutun.
b) Fırını 350 dereceye kadar önceden ısıtın. Hamuru ceviz büyüklüğünde küçük toplar haline getirin, beyaz şekerde yuvarlayın ve yağlanmış bir kurabiye tepsisine 2 inç aralıklarla yerleştirin.
c) 10-15 dakika pişirin.
d) Bir raf üzerinde çıkarın ve soğutun.

64. Kabak ve taze zencefilli kurabiye

Verim: 2 Düzine

İçindekiler
- $1\frac{1}{4}$ fincan Paketlenmiş açık kahverengi şeker
- 1 su bardağı kabak püresi
- 1 büyük yumurta
- 2 yemek kaşığı rendelenmiş taze zencefil kökü
- 2 yemek kaşığı Ekşi krema
- 1 çay kaşığı vanilya
- $\frac{1}{2}$ su bardağı tuzsuz tereyağı yumuşatılmış
- $2\frac{1}{4}$ su bardağı Un
- 1 çay kaşığı kabartma tozu
- 1 çay kaşığı Kabartma tozu
- $\frac{1}{2}$ çay kaşığı Tuz
- $\frac{1}{2}$ çay kaşığı Tarçın
- 1 su bardağı dövülmüş ceviz
- 1 su bardağı kuş üzümü veya doğranmış kuru üzüm

Talimatlar

a) Fırını 350'ye önceden ısıtın ve çerez yapraklarını hafifçe yağlayın. Şeker, balkabağı, yumurta, zencefil, ekşi krema ve vanilyayı mutfak robotunda karıştırın.
b) Pürüzsüz bir püre işleyin. Tereyağını ekleyin ve 8 saniye daha işleyin.
c) Un kabartma tozu, kabartma tozu, tuz ve tarçını karıştırın. Kuru Malzemeler, karıştırılana kadar 2 aşamada sıvıya karıştırın.

65.   Yumuşak zencefil kurbiyesi

Verim: 1 porsiyon

İçindekiler
- 12 su bardağı Un
- 4 su bardağı pekmez
- 2 su bardağı Kısaltma
- 2 su bardağı Süt; Ekşi
- 2 çay kaşığı kabartma tozu
- 2 yemek kaşığı zencefil
- 2 yemek kaşığı Tarçın
- 1 çay kaşığı Tuz
- 2 yumurta; dövülmüş

Talimatlar

a) Unu tavaya eleyin, ortada bir kuyu oluşturun. Kısaltma, pekmez ekleyin.
b) sodanın çözüldüğü ekşi süt. Baharatları, tuzu ve yumurtayı ekleyin.
c) Pürüzsüz yumuşak bir hamur elde edene kadar hızlı bir şekilde karıştırın. Orta derecede fırında pişirin.

66.   Tatlı rüyalar zencefilli kurabiye

Verim: 72 Porsiyon

İçindekiler
- 2 Çubuk margarin; yumuşatılmış
- 1½ fincan Açık kahverengi şeker; sıkıca paketlenmiş
- 2 yumurta
- 2½ su bardağı Çok amaçlı un
- 1 çay kaşığı kabartma tozu
- ½ çay kaşığı Tuz
- 1 çay kaşığı Tarçın
- 1 çay kaşığı öğütülmüş zencefil
- 1 su bardağı kıyılmış ceviz
- 12 ons Vanilya lokmaları
- 1 çay kaşığı Vanilya özü

Talimatlar

a) Margarin, esmer şeker ve yumurtayı mikserle çırpın. Karıştırın ve ardından un, kabartma tozu, tuz, tarçın ve zencefili ekleyin. Cevizleri, vanilya cipslerini ve vanilyayı katlayın.
b) Bir inçlik toplar haline getirin. Topları pudra şekerine bulayın.
c) 375 derecede 8-10 dakika pişirin.

BIRAKILMIŞ ÇEREZLER

67. Portakallı Kızılcık Damlaları

İçindekiler

- 1/2 su bardağı paketlenmiş esmer şeker
- 1/4 su bardağı tereyağı, yumuşatılmış
- 1 yumurta
- 3 yemek kaşığı portakal suyu
- 1/2 çay kaşığı portakal özü
- 1 çay kaşığı rendelenmiş portakal kabuğu rendesi
- 1 1/2 su bardağı çok amaçlı un
- 1/2 çay kaşığı kabartma tozu
- 1/4 çay kaşığı kabartma tozu
- 1/4 çay kaşığı tuz
- 1 su bardağı kurutulmuş kızılcık

Talimatlar

a) Fırını 375 °F'ye (190 °C) önceden ısıtın. Çerez yapraklarını hafifçe yağlayın veya parşömen kağıdıyla hizalayın.

b) Orta boy bir kapta, beyaz şeker, esmer şeker ve tereyağını birlikte krema haline getirin. Yumurta, portakal suyu, portakal özü ve portakal kabuğu rendesini karıştırın. Un, kabartma tozu, kabartma tozu ve tuzu birlikte eleyin; portakallı karışıma karıştırın. Kuru yaban mersini karıştırın. Hazırlanan kurabiye yapraklarına 2 inç aralıklarla çay kaşığı yığarak kurabiye hamurunu bırakın.

c) 10 ila 12 dakika veya kenarları kahverengileşmeye başlayana kadar pişirin. Fırın tepsilerinde 5 dakika soğutun, ardından tamamen soğuması için bir tel rafa çıkarın.

68. Şeker Erik Damlaları

İçindekiler

- 1/2 su bardağı tereyağı, yumuşatılmış
- 1/2 bardak kısaltma
- 11/2 su bardağı beyaz şeker
- 2 yumurta
- 2 çay kaşığı vanilya özü
- 2 3/4 su bardağı çok amaçlı un
- 2 çay kaşığı krem tartar
- 1 çay kaşığı kabartma tozu
- 1/4 çay kaşığı tuz
- 2 yemek kaşığı beyaz şeker
- 2 çay kaşığı öğütülmüş tarçın

Talimatlar

a) Fırını 400°F'ye (200°C) önceden ısıtın.

b) Tereyağı, tereyağı, 1 1/2 su bardağı şeker, yumurta ve vanilyayı birlikte krema haline getirin. Un, tartar kreması, soda ve tuzu karıştırın. Hamuru yuvarlak kaşıklarla top haline getirin.

c) 2 yemek kaşığı şeker ve tarçını karıştırın. Hamur toplarını karışımda yuvarlayın. Yağlanmamış fırın tepsisine 2 inç aralıklarla yerleştirin.

d) 8 ila 10 dakika veya ayarlanana kadar pişirin ama çok sert değil. Fırın tepsilerinden hemen çıkarın.

69.   Viyana Hilal Tatil Kurabiyeleri

İçindekiler

- 2 fincan çok amaçlı un
- 1 su bardağı tereyağı
- 1 su bardağı fındık, öğütülmüş
- 1/2 su bardağı elenmiş pudra şekeri
- 1/8 çay kaşığı tuz
- 1 çay kaşığı vanilya özü
- 2 su bardağı elenmiş pudra şekeri
- 1 vanilya çubuğu

Talimatlar

a) Fırını 375 °F'ye (190 °C) önceden ısıtın.

b) Büyük bir karıştırma kabında un, tereyağı, fındık, 1/2 su bardağı şeker, tuz ve vanilyayı birleştirin. İyice karışana kadar elle karıştırın. Hamuru bir top haline getirin. 1 saat boyunca örtün ve soğutun.

c) Bu arada şekeri bir kaseye veya küçük bir kaba koyun. Keskin bir şef bıçağıyla vanilya çubuğunu uzunlamasına ikiye bölün. Tohumları kazıyın ve şekere karıştırın. Bölmeyi 2 inçlik parçalar halinde kesin ve şekerle karıştırın.

d) Hamuru buzdolabından çıkarın ve 1 inçlik toplar haline getirin. Her topu 3 inç uzunluğunda küçük bir rulo halinde yuvarlayın. Yağlanmamış çerez kağıdına 2 inç bırakın ve her birini hilal şeklinde bükün.

e) Önceden ısıtılmış fırında 10 ila 12 dakika veya sertleşene kadar kızarana kadar pişirin.

f) 1 dakika bekletin, ardından çerez sayfalarından çıkarın. Sıcak kurabiyeleri büyük bir alüminyum folyo tabakasına yerleştirin. Hazırlanan şeker karışımı ile serpin. Her iki tarafı kaplamak için hafifçe çevirin. Tamamen soğutun ve oda sıcaklığında hava geçirmez bir kapta saklayın. Servis yapmadan hemen önce, daha fazla vanilya aromalı şekerle kaplayın.

70.   Kızılcık Hootycreeks Damlaları

İçindekiler

- 5/8 su bardağı çok amaçlı un
- 1/2 su bardağı yuvarlanmış yulaf
- 1/2 su bardağı çok amaçlı un
- 1/2 çay kaşığı kabartma tozu
- 1/2 çay kaşığı tuz
- 1/3 su bardağı paketlenmiş esmer şeker
- 1/3 su bardağı beyaz şeker
- 1/2 su bardağı kurutulmuş kızılcık
- 1/2 su bardağı beyaz çikolata parçaları
- 1/2 su bardağı kıyılmış ceviz

Talimatlar

a) Malzemeleri 1 litrelik veya 1 litrelik bir kavanoza listelenen sıraya göre katlayın.

b) 1. Fırını 350°F'ye (175°C) önceden ısıtın. Parşömen kağıdıyla bir çerez kağıdını veya çizgisini yağlayın.

c) 2. Orta boy bir kapta 1/2 su bardağı yumuşamış tereyağı, 1 yumurta ve 1 çay kaşığı vanilyayı kabarık olana kadar çırpın. Tüm Malzemeler kavanozunu ekleyin ve iyice karışana kadar elle karıştırın. Hazırladığınız fırın tepsisine kaşık kaşık yığarak bırakın.

d) 3. 8 ila 10 dakika veya kenarları kahverengileşmeye başlayana kadar pişirin. Fırın tepsilerinde soğutun veya tel raflarda soğutmak için çıkarın.

71. Elmalı üzümlü damla kurabiye

Verim: 1 Porsiyon

İçindekiler

- 1 paket Pillsbury Nemli Yüce Sarı Kek Karışımı
- 1 çay kaşığı Tarçın
- ½ çay kaşığı Hindistan cevizi
- ½ su bardağı Ekşi Krema
- 2 yumurta
- 1 su bardağı elma; iri kıyılmış
- ½ su bardağı kuru üzüm
- 2 yemek kaşığı Toz Şeker
- 4 düzine kurabiye.

Talimatlar

a) Fırını 350F'ye ısıtın. Çerez yapraklarını yağlayın. Büyük bir kapta kek karışımı, tarçın, hindistan cevizi, ekşi krema ve yumurtaları birleştirin; iyi harmanlayın.

b) Elma ve kuru üzümleri karıştırın. Yağlanmış çerez sayfalarına 1 inç aralıklarla çay kaşığı yığarak hamuru bırakın. 2.

c) 10 ila 14 dakika veya kenarları altın kahverengi olana kadar pişirin.

d) Çerez sayfalarından hemen çıkarın. 5 dakika veya tamamen soğuyana kadar soğutun. İstenirse pudra şekeri serpin.

72. yaban mersinli damla kurabiye

Verim: 30 Porsiyon

İçindekiler

- 2 su bardağı elenmiş un
- 2 çay kaşığı kabartma tozu
- ¼ çay kaşığı Tuz
- ¾ fincan Kısaltma
- 1 su bardağı Şeker
- 2 yumurta
- 1½ çay kaşığı rendelenmiş limon kabuğu
- ½ su bardağı Süt
- 1 su bardağı taze yaban mersini

Talimatlar

a) Un, kabartma tozu ve tuzu birlikte eleyin. Krema yumuşayana kadar kısalır ve yavaş yavaş şekerde yenilir. Yumurtaları ve limon kabuğunu ekleyip iyice karışana kadar çırpın. Süt ile dönüşümlü olarak un karışımı ekleyin, her eklemeden sonra pürüzsüz olana kadar çırpın.

b) Yaban mersini hafifçe katlayın. Yağlanmış kurabiye tepsisine çay kaşığıyla bırakın. 375 derecede 10-12 dakika pişirin.

73.   Kiraz damla kurabiye

Verim: 48 porsiyon

İçindekiler

- 1 paket Cherry Supreme Deluxe Pasta
- ½ su bardağı sıvı yağ
- 2 yemek kaşığı Su
- 2 yumurta
- Birkaç damla kırmızı gıda boyası
- 1 su bardağı kıyılmış fındık
- Dörde bölünmüş maraschino kirazı

Talimatlar

a) Fırını 350 dereceye kadar önceden ısıtın. Kek karışımı, yağ, su, yumurta ve gıda boyasını karıştırın. Fındığı karıştırın. Bir çay kaşığından yağlanmamış bir çerez kağıdına bırakın. Her kurabiyeyi çeyrek maraschino kirazıyla doldurun.

b) 10-12 dakika pişirin. Çerez kağıdında yaklaşık 1 dakika soğutun, ardından soğutmayı bitirmek için rafa koyun.

74.   Kakaolu kurabiye

Verim: 5 düzine

İçindekiler

- ½ fincan Kısaltma
- 1 su bardağı Şeker
- 1 yumurta
- ¾ su bardağı ayran
- 1 çay kaşığı Vanilya özü
- 1¾ fincan Un, çok amaçlı
- ½ çay kaşığı soda
- ½ çay kaşığı Tuz
- ½ su bardağı Kakao
- 1 su bardağı Ceviz; kıyılmış (veya ceviz)

Talimatlar

a) Krem kısaltma; yavaş yavaş şeker ekleyin, hafif ve kabarık olana kadar çırpın. Yumurtayı ekleyin, iyice çırpın. Tereyağı ve vanilya özü karıştırın.

b) Un, soda, tuz ve kakaoyu birleştirin; iyice çırparak kremalı karışıma ekleyin. Cevizleri karıştırın. Hamuru 1 saat soğutun.

c) Hamuru, yağlanmış çerez sayfalarına 2 inç aralıklarla çay kaşığı ile bırakın.

d) 400 derecede 8 ila 10 dakika pişirin.

75. Tarih dolu damla çerezleri

Verim: 30 çerez

İçindekiler

- 4 su bardağı Temel kurabiye karışımı
- ¼ çay kaşığı Tarçın
- 2 Yumurta, çırpılmış
- 1 su bardağı doğranmış hurma
- 3 yemek kaşığı Şeker
- 1 çay kaşığı vanilya
- ¼ su bardağı su veya ayran
- ceviz helvası
- 3 yemek kaşığı Su
- ¼ su bardağı kıyılmış fındık

Talimatlar

a) Küçük bir tencerede hurma, şeker ve suyu birleştirin. Orta ateşte yaklaşık 5 ila 10 dakika, koyulaşana kadar karıştırarak pişirin. Ateşten alın.

b) Hafifçe soğutun. Kıyılmış fındıkları karıştırın. Soğuması için kenara alın. Fırını 375'e önceden ısıtın. Fırın tepsilerini hafifçe yağlayın. Büyük bir kapta, kurabiye karışımı, tarçın, yumurta, vanilya ve su veya ayranı birleştirin. İyice karıştırın. Hazırlanan fırın tepsilerine çay kaşığı bırakın.

c) Hamuru hafifçe bastırarak her kurabiyenin üzerine $\frac{1}{2}$ çay kaşığı hurma doldurun. Her birini başka bir çay kaşığı hamurla örtün. Ceviz yarısı ile üst. 10 ila 12 dakika pişirin.

76. Şeytanın yemek damla kurabiyeleri

Verim: 6 porsiyon

İçindekiler

- 1 su bardağı esmer şeker
- ½ su bardağı Tereyağı, yumuşatılmış
- 1 çay kaşığı vanilya
- 2 ons (2 kare) şekersiz çikolata
- 1 yumurta
- 2 bardak un
- ½ çay kaşığı kabartma tozu
- ½ çay kaşığı Tuz
- ¾ su bardağı Ekşi krema
- ½ su bardağı dövülmüş ceviz

Mocha buzlanma:

- 1½ su bardağı Pudra şekeri
- 2 yemek kaşığı şekersiz kakao
- ¼ fincan Tereyağı, yumuşatılmış
- 1 ila 2 çay kaşığı. hazır kahve granülleri
- 1½ çay kaşığı Vanilya
- 2 ila 3 yemek kaşığı. Süt

Talimatlar

Kurabiye:

a) Fırını 350 dereceye ısıtın. Çerez yapraklarını yağlayın. Büyük bir kapta, kahverengi şeker ve ½ fincan tereyağını hafif ve kabarık olana kadar çırpın. 1 çay kaşığı ekleyin. vanilya, çikolata ve yumurta; iyi harmanlayın.

b) Unu ölçü kabına hafifçe kaşıklayın; seviye atla. Küçük bir kapta un, kabartma tozu ve tuzu birleştirin. Çikolata karışımına kuru Malzemeler ve ekşi krema ekleyin; iyice karıştırın.

c) Cevizleri karıştırın. Yağlanmış çerez sayfalarında 2 "aralıklı çay kaşığı yığarak bırakın. 350 derecede 10 ila 14 dakika veya ayarlanana kadar pişirin.

d) 1 dakika soğutun; çerez sayfalarından çıkarın. Tamamen soğutun.

Buzlanma:

e) Küçük bir kapta, istenen yayılma kıvamına yetecek kadar süt ekleyerek tüm krema Malzemelerini birleştirin; Pürüzsüz olana kadar karıştır. Soğuyan kurabiyelerin üzerine yayın. Saklamadan önce buzlanmanın ayarlanmasına izin verin.

77.   Hickory fındık damla kurabiye

Verim: 1 porsiyon

İçindekiler

- 2 su bardağı Şeker
- 1 su bardağı Kısaltma; iyi dövmek
- 2 yumurta
- 1 su bardağı Süt; ekşi veya 1 su bardağı ayran
- 4 su bardağı Un
- 1 çay kaşığı kabartma tozu
- 1 çay kaşığı Kabartma tozu
- 1 su bardağı Fındık; doğranmış
- 1 su bardağı kuru üzüm; doğranmış

Talimatlar

a) Unla birlikte soda ve kabartma tozunu eleyin.

b) Kalan Malzemeleri birleştirin, iyice karıştırın.

c) Çerez kağıdına çay kaşığı kadar bırakın.

d) Orta 375 F. fırında pişirin.

78. Ananaslı damla kurabiye

Verim: 1 porsiyon

İçindekiler

- ¼ su bardağı Tereyağı
- ¾ su bardağı şeker
- 1 adet Yumurta
- ¼ fincan Ananas; süzülmüş ve ezilmiş
- 1¼ fincan Un; elenmiş
- Tuz; çimdik
- ¼ çay kaşığı kabartma tozu
- ½ çay kaşığı Kabartma tozu
- ¼ fincan fındık etleri

Talimatlar

a) Krem tereyağı, şeker, kalan malzemeleri ekleyin. İyice karıştırın, çerez kağıdına ½ çay kaşığı bırakın.

b) 375 F'de fırında pişirin.

79. Üzümlü ananas damla kurabiye

Verim: 36 porsiyon

İçindekiler

- ½ su bardağı Tereyağı
- ½ çay kaşığı Vanilya
- 1 su bardağı esmer şeker, paketlenmiş
- 1 yumurta
- ½ su bardağı kuru üzüm
- ¾ su bardağı Ezilmiş Ananas, süzülmüş
- 2½ su bardağı Un
- 1 çay kaşığı Kabartma Tozu
- 1 çay kaşığı kabartma tozu
- ½ çay kaşığı Tuz

Talimatlar

a) Hafif ve kabarık olana kadar tereyağı, vanilya ve şekeri krema haline getirin. Yumurta ve kremayı güzelce ekleyin. Kuru üzüm ve ananası karıştırın. Kuru malzemeleri birlikte eleyin. Yavaş yavaş kremalı karışıma ekleyin. İyice karışana kadar karıştırın.

b) Yağlanmış çerez sayfalarına çay kaşığı bırakın. Önceden ısıtılmış 375oF fırında 12-15 dakika pişirin.

80. Kabak damla kurabiye

Verim: 36 Porsiyon

İçindekiler

- 1 su bardağı rendelenmiş kabak
- 1 çay kaşığı kabartma tozu
- 1 su bardağı Şeker
- ½ fincan Kısaltma veya tereyağı
- 1 yumurta; dövülmüş
- 2 bardak un
- 1 çay kaşığı Tarçın
- ½ çay kaşığı öğütülmüş karanfil
- ½ çay kaşığı Tuz
- 1 su bardağı kıyılmış fındık
- 1 su bardağı kuru üzüm

Talimatlar

a) Kabak, soda, şeker, tereyağı ve çırpılmış yumurtayı karıştırın. Un, tarçın, karanfil ve tuzu eleyin. Karıştırmak için karıştırın. Kuru üzüm ve fındıkları karıştırın ve yağlanmış çerez kağıdına çay kaşığı ile meyilli bırakın.

b) Önceden ısıtılmış 375F fırında 12-15 dakika pişirin. 3 düzine yapar.

kurabiyeli sandviçler

81. çikolatalı trüflü kurabiye

Yaklaşık 16 kurabiye yapar

İçindekiler

- 8 yemek kaşığı (1 çubuk) tuzsuz tereyağı
- 8 ons bitter çikolata (%64 kakao veya üzeri), iri kıyılmış
- ½ su bardağı ağartılmamış çok amaçlı un veya glutensiz un
- 2 yemek kaşığı Hollandaca işlenmiş kakao tozu (%99 kakao)
- ¼ çay kaşığı ince deniz tuzu
- ¼ çay kaşığı kabartma tozu
- 2 büyük yumurta, oda sıcaklığında
- ½ bardak) şeker
- 2 çay kaşığı vanilya özü
- 1 su bardağı bitter çikolata parçaları (%64 kakao veya üzeri)

Talimatlar:

a) Tereyağı ve bitter çikolatayı benmaride kısık ateşte ara ara karıştırarak tamamen eriyene kadar eritin. Tamamen soğutun.

b) Un, kakao tozu, tuz ve kabartma tozunu küçük bir kapta birleştirin. Kenara koyun.

c) Elektrikli bir karıştırıcı kullanarak, yumurtaları ve şekeri büyük bir kapta hafif ve kabarık olana kadar yaklaşık 2 dakika yüksek hızda çırpın. Vanilyayı ekleyin, ardından eritilmiş çikolatayı ve tereyağını ekleyin ve birleşene kadar 1-2 dakika çırpın.

d) Kasenin kenarlarını kazıyın ve büyük bir kauçuk spatula kullanarak kuru Malzemeler birleşene kadar karıştırın. Çikolata parçacıklarını katlayın. Plastik sargı ile örtün ve en az 4 saat soğutun.

e) Fırının ortasına bir raf yerleştirin ve fırını 325 ° F'ye ısıtın. Parşömen kağıdı ile bir fırın tepsisini hizalayın.

f) Ellerinizi suyla ıslatın ve hamuru 2 inçlik toplar halinde yuvarlayın ve astarlı fırın tepsisine yaklaşık 2 inç aralıklarla yerleştirin. Çabuk çalışın ve kurabiyeleri toplu olarak pişiriyorsanız, kalan hamuru turlar arasında soğutun.

g) Kenarlar hafifçe yükselene ve merkez çoğunlukla ayarlanana kadar 12 ila 13 dakika pişirin. Fırından çıkarın ve en az 10 dakika tepside soğumaya bırakın, ardından bir rafa aktarın ve tamamen soğumaya bırakın.

Dondurmalı Sandviçleri Birleştirmek

h) Kurabiyeleri bir tepsiye koyun ve 1 saat dondurun. 1 litre dondurmayı kepçe olana kadar yumuşatın. Basit tutmayı ve kullanmayı seviyorumTatlı Kremalı Dondurmaama siz istediğiniz aromayı kullanabilirsiniz.

i) Çerezleri dondurucudan çıkarın ve hızlı bir şekilde çalışarak 2 ila 4 ons dondurmayı bir kurabiye üzerine toplayın. Üzerine başka bir kurabiye koyarak dondurmayı yumuşatın. Tekrar et.

j) Tüm sandviçleri bir araya getirmeyi bitirdiğinizde, sertleşmesi için en az 2 saat dondurucuya geri koyun.

82. Yulaf ezmeli Kremalı Sandviçler

24 kurabiye yapar

:

İçindekiler

- $1\frac{1}{2}$ su bardağı ağartılmamış çok amaçlı un
- 2 bardak çabuk pişen yulaf (anlık yulaf ezmesi)
- 1 çay kaşığı kabartma tozu
- $\frac{1}{4}$ çay kaşığı öğütülmüş tarçın
- $\frac{1}{2}$ pound (2 çubuk) tuzsuz tereyağı, yumuşatılmış
- $1\frac{1}{2}$ su bardağı paketlenmiş açık kahverengi şeker
- $\frac{3}{4}$ çay kaşığı ince deniz tuzu
- 1 çay kaşığı vanilya özü
- 2 büyük yumurta, oda sıcaklığında
- 1 litre dilediğiniz dondurma

Talimatlar:

a) Fırının ortasına bir raf yerleştirin ve fırını 325 ° F'ye ısıtın. İki fırın tepsisini parşömenle hizalayın.

b) Un, yulaf, kabartma tozu ve tarçını bir kapta birleştirin ve iyice karıştırın. Bir elektrikli karıştırıcı kullanarak, tereyağını pürüzsüz ve kremsi olana kadar büyük bir kapta çırpın.

c) Şeker ve tuzu ilave edip karışım açık renk ve kabarık olana kadar çırpın; kasenin kenarlarını gerektiği gibi kazıyın. Vanilya özünü ekleyin ve sadece birleştirmek için çırpın.

d) Yumurtaları teker teker ekleyin, her eklemeden sonra iyice çırpın. Hamur pürüzsüz ve kremsi olmalıdır.

e) Kuru Malzemelerin yarısını ekleyin ve birleşene kadar düşük hızda karıştırın. Kalan unu ekleyin ve birleştirilene kadar karıştırın. Hamuru fazla çalıştırmamaya dikkat edin.

f) Hamuru fırın tepsilerine bölmek için 1 onsluk bir kepçe kullanın, çerezleri yaklaşık 2 inç aralıklarla yerleştirin.

g) Kurabiyeleri elinizin iç kısmıyla veya tahta bir kaşığın tersiyle hafifçe düzeltin.

h) Kurabiyeleri 7 dakika pişirin. Tavayı döndürün ve 4 ila 6 dakika daha veya kurabiyelerin kenarları çok hafif kızarana, ancak ortada zar zor yerleşene kadar pişirin.

i) Kurabiyeleri fırın tepsisinde 10 dakika soğumaya bırakın. Daha sonra bunları bir kapta veya 1 galonluk bir Ziploc dondurucu poşetinde istifleyin ve 2 saat dondurun.

j) Kremalı sandviçleri bir araya getirmek için bir tepsiye 3 adet donmuş kurabiye koyun. Her kurabiyenin üzerine yuvarlak bir kepçe (2 ila 3 ons) hafif yumuşatılmış dondurma koyun.

k) Üstüne üç kurabiye daha koyun, dondurma düzleşip dış kenarlarla buluşana kadar iki kurabiyeyi birlikte ezin.

l) Tamamen monte edilmiş kremalı sandviçleri tekrar dondurucuya koyun ve kalan çerezlerle tekrarlayın.

83.   Kremalı Puflar ve Éclairs Ring Cake

6 ila 12 porsiyon yapar

İçindekiler

- 1 su bardağı ılık su

- 4 yemek kaşığı ($\frac{1}{2}$ çubuk) tuzsuz tereyağı, parçalar halinde kesilmiş

- 1 su bardağı ağartılmamış çok amaçlı un veya glutensiz un

- 4 büyük yumurta, oda sıcaklığında

- Tuzlu Vanilyalı Dondurulmuş MuhallebiveyaTuzlu Keçi Sütlü Çikolatalı Dondurulmuş Muhallebi

- çikolata sosu(4 yemek kaşığı tam yağlı süt kullanın)

Talimatlar:

a) Fırını önceden 400 ° F'ye ısıtın.

b) Su ve tereyağını orta kalınlıkta bir tencerede birleştirin ve tereyağını eritmek için karıştırarak kaynatın. Tüm unu dökün ve karışım bir top oluşturana kadar karıştırın.

c) Ocaktan alıp yumurtaları birer birer elektrikli mikserle çırpın.

Kremalı Puflar İçin

d) Altı adet 4 inçlik bireysel hamur hamurunu yağlanmamış bir çerez kağıdına dökün (daha küçük puflar için on iki adet 2 inçlik hamur yapın). Altın kahverengi olana kadar pişirin, yaklaşık 45 dakika. Fırından çıkarın ve soğumaya bırakın.

Ekler için

e) ¼ inç düz uçlu bir hamur torbası yerleştirin, ardından altı ila on iki 4 inçlik şeritleri yağlanmamış bir çerez kağıdına sıkın. Altın kahverengi olana kadar pişirin, yaklaşık 45 dakika. Fırından çıkarın ve soğumaya bırakın.

Yüzük Kek için

f) 12 inçlik bir oval yapmak için yağsız bir çerez kağıdına bir kaşık dolusu hamur bırakın. Altın kahverengi olana kadar pişirin, 45 ila 50 dakika. Fırından çıkarın ve soğumaya bırakın.

Montajlama

g) Glazürü hazırlayın. Kremalı pufları, éclairs'i veya pastayı ikiye bölün. Dondurmayı doldurun ve üstleri tekrar takın.

h) Kremalı puflar için her pufun üstünü çikolataya batırın. Eklerler için üzerlerine glazeyi cömertçe dökün. Halka kek için, glazeye 5 yemek kaşığı daha süt ilave edin; halkalı kekin üzerine gezdirin.

i) Servis yapmak için hamur işlerini veya pasta dilimlerini tabaklara yerleştirin.

84. Dondurmalı kurabiye sandviçi

İçindekiler

- 12 çikolatalı kurabiye
- 2 su bardağı vanilyalı (veya diğer aromalı) dondurma, yumuşatılmış

Talimatlar:

a) Kurabiyeleri dondurucuda bir tepsiye yerleştirin.

b) Yumuşatılmış dondurmayı düz bir tavaya veya kaba yaklaşık 1/2 inç kalınlığa kadar yayın ve tekrar dondurun. Tekrar sertleştiğinde, ancak sert olmadığında, kurabiyelere uyacak şekilde 6 daire dondurma kesin. Dondurmayı tavadan dikkatlice 6 kurabiye üzerine aktarın.

c) İkinci bir çerezle doldurun. İyice kapatmak için bastırın ve yemeye hazır olana kadar dondurun. İyi donmuşsa, yemeden 10-15 dakika önce dondurucudan çıkarın, aksi takdirde çok sert olurlar.

d) Birkaç gün içinde yiyin.

Servis 6

85. Çilekli İtalyan Sandviçleri

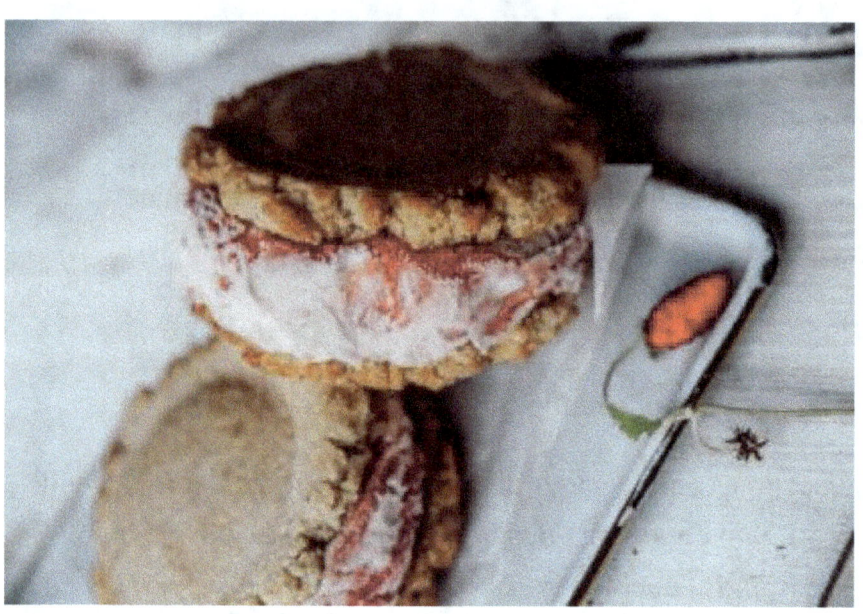

Yapar: 12 ila 16 sandviç

İçindekiler

- 1 su bardağı sütsüz margarin, yumuşatılmış
- 3/4 su bardağı buharlaştırılmış şeker kamışı, bölünmüş
- 2 çay kaşığı vanilya özü
- 2-1/4 su bardağı ağartılmamış çok amaçlı un

Talimatlar

a) Büyük bir kapta margarini, 1/2 su bardağı şekeri ve vanilyayı iyice birleşene kadar krema haline getirin. Unu gruplar halinde ekleyin ve hamur yumuşak ve pürüzsüz olana kadar karıştırın. Hamuru ikiye bölün ve her bir yarıyı yaklaşık 5 inç uzunluğunda, 3 inç genişliğinde ve 2 inç yüksekliğinde dikdörtgen bir kütük haline getirin. Kalan 1/4 fincan şekeri temiz bir yüzeye serpin ve dışını kaplamak için her kütüğü yuvarlayın. Her kütüğü plastik sargıya sarın ve en az 2 saat soğutun.

b) Fırını 375 ° F'ye önceden ısıtın. Parşömen kağıdı ile iki fırın tepsisini hizalayın.

c) Kurabiye hamuru günlüklerini buzdolabından çıkarın. Keskin bir bıçak kullanarak kütükleri 1/4 inç kalınlığında dilimler halinde kesin ve şeklini korumak için keserken kütüğün kenarlarına bastırın. Dilimlenmiş kurabiyeleri hazırlanan fırın tepsisine 1 inç aralıklarla yerleştirin. 8 ila 10 dakika veya kenarları hafifçe kızarana kadar pişirin.

d) Fırından çıkardıktan sonra kurabiyeleri 5 dakika tepside soğumaya bırakın, ardından tel ızgaraya aktarın. Çerezleri tamamen soğumaya bırakın. Hava geçirmez bir kapta saklayın

86.   Havuçlu Kek Sandviçleri

Yapar: 12 ila 16 sandviç

İçindekiler

- 2 su bardağı ağartılmamış çok amaçlı un
- 1/2 çay kaşığı kabartma tozu
- 2 çay kaşığı öğütülmüş tarçın
- 1/2 çay kaşığı öğütülmüş zencefil
- 1/4 çay kaşığı öğütülmüş hindistan cevizi
- 1/4 çay kaşığı tuz
- 3/4 su bardağı sütsüz margarin, oda sıcaklığında
- 1 su bardağı paketlenmiş esmer şeker
- 1/2 su bardağı buharlaştırılmış şeker kamışı
- 2 çay kaşığı vanilya özü
- 1-1/2 su bardağı ince rendelenmiş havuç (yaklaşık 2 orta boy havuç)
- 1/3 su bardağı kavrulmuş, rendelenmiş hindistan cevizi (isteğe bağlı)
- 1/3 su bardağı dövülmüş ceviz (isteğe bağlı)

Talimatlar

a) Fırını 350 ° F'ye önceden ısıtın. Parşömen kağıdı ile iki fırın tepsisini hizalayın.

b) Küçük bir kapta un, kabartma tozu, tarçın, zencefil, hindistan cevizi ve tuzu birleştirin. Büyük bir kapta margarin, esmer şeker, şeker kamışı ve vanilyayı birlikte krema haline getirin. Kuru Malzemeler'i ıslak malzemelere pürüzsüz olana kadar ekleyin, ardından rendelenmiş havuç, hindistancevizi ve kullanıyorsanız cevizleri ekleyin.

c) Bir çerez damlalığı veya yemek kaşığı kullanarak, yaklaşık 2 inç arayla hazırlanmış fırın tepsilerine hamur yığınları bırakın. Her bir kurabiyeyi hafifçe aşağı bastırın.

d) 9 ila 11 dakika veya kenarları hafif altın rengi olana kadar pişirin. Fırından çıkarın ve fırın tepsisinde 5 dakika soğumaya bırakın, ardından bir tel ızgara üzerinde soğumaya bırakın. Çerezleri tamamen soğumaya bırakın. Hava geçirmez bir kapta saklayın

87.   Zencefilli Fındıklı Dondurma

yapar: 1 litre

- 2 su bardağı süt olmayan süt (soya veya kenevir gibi daha yüksek yağ)
- 3/4 su bardağı buharlaştırılmış şeker kamışı
- 1 çay kaşığı öğütülmüş zencefil
- 1 çay kaşığı vanilya özü
- 1-1/2 su bardağı çiğ kaju
- 1/16 çay kaşığı guar sakızı
- 1/3 su bardağı ince doğranmış şekerlenmiş zencefil

Talimatlar

a) Büyük bir tencerede süt ve şekeri birlikte çırpın. Orta ateşte, karışımı sık sık çırparak kaynatın. Kaynama noktasına geldiğinde, ısıyı orta-düşük seviyeye indirin ve şeker eriyene kadar yaklaşık 5 dakika sürekli çırpın. Ateşten alın, zencefil ve vanilyayı ekleyin ve birleştirmek için çırpın.

b) Kajuları ısıya dayanıklı bir kabın dibine koyun ve üzerine sıcak süt karışımını dökün. Tamamen soğumaya bırakın. Soğuduktan sonra, karışımı bir mutfak robotuna veya yüksek hızlı bir karıştırıcıya aktarın ve pürüzsüz olana kadar işleyin, gerektiğinde kenarları kazımak için durdurun. İşleminizin sonuna doğru guar sakızı serpin ve iyice karıştığından emin olun.

c) Karışımı 1-1/2- veya 2-quart dondurma makinesinin kasesine dökün ve üreticinin talimatlarına göre işlem yapın. Dondurma hazır olduğunda, şekerlenmiş zencefili yavaşça karıştırın. Sandviçleri birleştirmeden önce en az 2 saat dondurucuda hava geçirmez bir kapta saklayın.

Sandviç yapmak için

d) Dondurmayı hafifçe yumuşatın, böylece kepçesi kolay. Kurabiyelerin yarısını altları yukarı gelecek şekilde temiz bir yüzeye yerleştirin. Her bir kurabiyenin üzerine yaklaşık 1/3 su bardağı kadar büyük bir top dondurma koyun. Kurabiye altları dondurmaya değecek şekilde kalan kurabiyelerle dondurmanın üzerini kapatın.

e) Çerezleri hizalamak için hafifçe bastırın. Her sandviçi plastik sargıyı veya mumlu kağıdı sarın ve servis yapmadan önce en az 30 dakika dondurucuya geri koyun.

88. Çikolatalı kurabiye ve Vanilyalı Sandviç

İçindekiler

- 1/3 su bardağı sütsüz margarin, oda sıcaklığında
- 2/3 su bardağı buharlaştırılmış şeker kamışı
- 2 yemek kaşığı sütsüz süt
- 1/4 çay kaşığı hafif sirke
- 1 çay kaşığı vanilya özü
- 3/4 su bardağı ağartılmamış çok amaçlı un
- 1/3 su bardağı şekersiz kabartma kakao, elenmiş
- 1/2 çay kaşığı kabartma tozu
- 1/8 çay kaşığı tuz

Talimatlar

a) Fırını 375 ° F'ye önceden ısıtın. Parşömen kağıdı ile bir fırın tepsisini hizalayın.
b) Orta boy bir kapta margarin ve şekeri birlikte krema haline getirin. Süt, sirke ve vanilyayı karıştırın. Küçük bir kapta un, kakao, kabartma tozu ve tuzu birleştirin. Kuru Malzemeyi ıslak malzemeye ekleyin ve iyice karıştırın.
c) Hazırlanan fırın tepsisine çevirin. Hamurun üzerine bir yaprak mumlu kağıt yerleştirin ve yaklaşık 1/4 inç kalınlığında bir kareye yuvarlayın. Mumlu kağıdı çıkarın ve kenarları ayarlanana ve hafifçe kabarık olana kadar 10 ila 12 dakika pişirin. Yumuşak ve tam pişmemiş gibi görünecek ama öyle.

d) Fırından çıkarın ve bir tel raf üzerindeki fırın tepsisine yaklaşık 15 dakika soğumaya bırakın. Kurabiyeleri dikkatlice istediğiniz şekilde kesin. Onları yuvarlak yapmak için bir cam veya bisküvi kalıbı kullanabilir veya eşit büyüklükte kareler halinde keserek hamuru en üst düzeye çıkarabilirsiniz.
e) Çerezleri tabakadan çıkarın ve rafta soğumaya bırakın.

89. Vanilyalı Soya Dondurmalı sandviç

Yapar: 1-1/4 quart

İçindekiler

- 3/4 su bardağı buharlaştırılmış şeker kamışı
- 1 yemek kaşığı artı 2 çay kaşığı tapyoka nişastası
- 2-1/2 su bardağı soya veya kenevir sütü (tam yağlı)
- 1 çay kaşığı hindistan cevizi yağı
- 2 çay kaşığı vanilya özü

Talimatlar

a) Büyük bir tencerede şeker ve tapyoka nişastasını birleştirin ve karışana kadar çırpın. Eklemek için çırpma, sütü dökün.

b) Orta ateşte, karışımı sık sık çırparak kaynatın. Kaynama noktasına geldiğinde, ısıyı orta-düşük seviyeye indirin ve karışım kalınlaşana ve bir kaşığın arkasını kaplayana kadar yaklaşık 5 dakika sürekli çırpın. Ateşten alın, hindistancevizi yağı ve vanilyayı ekleyin ve birleştirmek için karıştırın.

c) Karışımı ısıya dayanıklı bir kaba aktarın ve tamamen soğumaya bırakın.

d) Karışımı 1-1/2- veya 2-quart dondurma makinesinin kasesine dökün ve üreticinin talimatlarına göre işlem yapın. Sandviçleri birleştirmeden önce en az 2 saat dondurucuda hava geçirmez bir kapta saklayın.

Sandviç yapmak için

e) Dondurmayı hafifçe yumuşatın, böylece kepçesi kolay. Kurabiyelerin yarısını altları yukarı gelecek şekilde temiz bir yüzeye yerleştirin. Her bir kurabiyenin üzerine yaklaşık 1/3 su bardağı kadar büyük bir top dondurma koyun.

f) Kurabiye altları dondurmaya değecek şekilde kalan kurabiyelerle dondurmanın üzerini kapatın. Çerezleri hizalamak için hafifçe bastırın.

g) Her sandviçi plastik sargıya veya mumlu kağıda sarın ve servis yapmadan önce en az 30 dakika dondurucuya geri koyun.

90.   X-Ray Dondurmalı Sandviçler

Yapar: 12 ila 16 sandviç

İçindekiler

- 2 su bardağı ağartılmamış çok amaçlı un
- 1 çay kaşığı kabartma tozu
- 1/4 çay kaşığı tuz
- 1 su bardağı sütsüz margarin, oda sıcaklığında
- 1/2 su bardağı paketlenmiş esmer şeker
- 1/2 su bardağı buharlaştırılmış şeker kamışı
- 1 çay kaşığı mısır nişastası
- 2 yemek kaşığı sütsüz süt
- 1-1/2 çay kaşığı vanilya özü

Talimatlar

a) Fırını 350 ° F'ye önceden ısıtın. Parşömen kağıdı ile iki fırın tepsisini hizalayın.

b) Küçük bir kapta un, kabartma tozu ve tuzu birleştirin. Büyük bir kapta margarin, esmer şeker ve şeker kamışını birlikte krema haline getirin. Mısır nişastasını küçük bir kapta sütün içinde eritin ve vanilya ile birlikte margarin karışımına ekleyin. Kuru Malzemeler'i ıslak malzemelere gruplar halinde ekleyin ve pürüzsüz olana kadar karıştırın.

c) Bir çerez damlalığı veya yemek kaşığı kullanarak, yaklaşık 2 inç arayla hazırlanmış fırın tepsilerine yığın yemek kaşığı hamur bırakın. 8 ila 10 dakika veya kenarları hafif altın rengi olana kadar pişirin.

d) Fırından çıkarın ve 5 dakika tepside soğumaya bırakın, ardından bir tel ızgara üzerinde soğumaya bırakın. Çerezleri tamamen soğumaya bırakın. Hava geçirmez bir kapta saklayın.

91. Çikolatalı Soya Dondurması

Yapar: 1-1/4 quart

İçindekiler

- 3/4 su bardağı buharlaştırılmış şeker kamışı
- 1/3 su bardağı şekersiz kabartma kakao, elenmiş
- 1 yemek kaşığı tapyoka nişastası
- 2-1/2 su bardağı soya veya kenevir sütü (tam yağlı)
- 2 çay kaşığı hindistan cevizi yağı
- 2 çay kaşığı vanilya özü

Talimatlar

a) Büyük bir tencerede şeker, kakao ve tapyoka nişastasını birleştirin ve kakao ve nişasta şekere karışana kadar çırpın. Eklemek için çırpma, sütü dökün. Orta ateşte, karışımı sık sık çırparak kaynatın.

b) Kaynama noktasına geldiğinde, ısıyı orta-düşük seviyeye indirin ve karışım kalınlaşana ve bir kaşığın arkasını kaplayana kadar yaklaşık 5 dakika sürekli çırpın. Ateşten alın, hindistancevizi yağı ve vanilyayı ekleyin ve birleştirmek için çırpın.

c) Karışımı ısıya dayanıklı bir kaba aktarın ve tamamen soğumaya bırakın.

d) Karışımı 1-1/2- veya 2-quart dondurma makinesinin kasesine dökün ve üreticinin talimatlarına göre işlem yapın. Sandviçleri birleştirmeden önce en az 2 saat dondurucuda hava geçirmez bir kapta saklayın.

e) Dondurmayı hafifçe yumuşatın, böylece kepçesi kolay. Kurabiyelerin yarısını altları yukarı gelecek şekilde temiz bir yüzeye yerleştirin. Her bir kurabiyenin üzerine yaklaşık 1/3 su bardağı kadar büyük bir top dondurma koyun. Kurabiye altları dondurmaya değecek şekilde kalan kurabiyelerle dondurmanın üzerini kapatın.
f) Çerezleri düzleştirmek için hafifçe bastırın. Her sandviçi plastik sargıya veya mumlu kağıda sarın ve servis yapmadan önce en az 30 dakika dondurucuya geri koyun.

92.   Duble Çikolatalı Sandviçler

Yapar: 12 ila 16 sandviç

İçindekiler

- 1 su bardağı ağartılmamış çok amaçlı un
- 1/2 su bardağı şekersiz kabartma kakao, elenmiş
- 1/2 çay kaşığı kabartma tozu
- 1/4 çay kaşığı tuz
- 1/4 su bardağı sütsüz çikolata parçaları, erimiş
- 1/2 su bardağı sütsüz margarin, yumuşatılmış
- 1 su bardağı buharlaştırılmış şeker kamışı
- 1 çay kaşığı vanilya özü

Talimatlar

a) Fırını 325 ° F'ye önceden ısıtın. Parşömen kağıdı ile iki fırın tepsisini hizalayın.
b) Orta boy bir kapta un, kakao tozu, kabartma tozu ve tuzu birleştirin. Büyük bir kapta, elektrikli el mikseri ile eritilmiş çikolata parçalarını, margarini, şekeri ve vanilyayı iyice birleşene kadar krema haline getirin. Kuru Malzemeler tamamen birleştirilene kadar partiler halinde ıslak malzemelere ekleyin.
c) Yaklaşık 2 inç aralıklarla hazırlanmış fırın tepsilerine büyük bir bilye büyüklüğünde (kabaca 2 çay kaşığı) küçük hamur topları koyun. Bir çorba kaşığının arkasını hafifçe yağlayın ve her bir kurabiye düzleşip yaklaşık 1-1 / 2 inç genişliğinde olana kadar nazikçe ve eşit şekilde bastırın. 12 dakika veya kenarlar ayarlanana kadar pişirin. Her iki

yaprağı da aynı anda pişiriyorsanız, sayfaları yarıya kadar çevirin.

d) Fırından çıkardıktan sonra kurabiyeleri 5 dakika tepside soğumaya bırakın, ardından tel ızgaraya aktarın. Çerezleri tamamen soğumaya bırakın. Hava geçirmez bir kapta saklayın

93.   Çikolatalı Hindistan Cevizli Dondurmalı Sandviç

yapar: 1 litre

İçindekiler

- 3/4 su bardağı buharlaştırılmış şeker kamışı
- 1/3 su bardağı şekersiz kabartma kakao, elenmiş
- 1 (13,5 ons) tam yağlı hindistan cevizi sütü olabilir (hafif değil)
- 1 su bardağı sütsüz süt
- 1 çay kaşığı vanilya özü

Talimatlar

a) Büyük bir tencerede şeker ve kakaoyu birleştirin ve kakao şekere karışana kadar çırpın. Hindistan cevizi sütü ve diğer süt olmayan sütü ilave ederek çırpın. Orta ateşte, karışımı sık sık çırparak kaynatın. Kaynama noktasına geldiğinde, ısıyı orta-düşük seviyeye indirin ve şeker eriyene kadar yaklaşık 5 dakika sürekli çırpın. Ateşten alın ve birleştirmek için çırpınan vanilyayı ekleyin.
b) Karışımı ısıya dayanıklı bir kaba aktarın ve tamamen soğumaya bırakın.
c) Karışımı 1-1 / 2 veya 2 litrelik dondurma makinesinin kasesine dökün ve üreticinin talimatlarına göre işlem yapın. Sandviçleri birleştirmeden önce en az 2 saat dondurucuda hava geçirmez bir kapta saklayın.
d) Dondurmayı hafifçe yumuşatın, böylece kepçesi kolay. Kurabiyelerin yarısını altları yukarı gelecek şekilde temiz bir yüzeye yerleştirin. Her bir kurabiyenin üzerine yaklaşık 1/3 su bardağı kadar büyük bir top dondurma koyun. Kurabiye altları dondurmaya değecek şekilde kalan kurabiyelerle dondurmanın üzerini kapatın.

e) Çerezleri düzleştirmek için hafifçe bastırın. Her sandviçi plastik sargıya veya mumlu kağıda sarın ve servis yapmadan önce en az 30 dakika dondurucuya geri koyun.

94. Dondurulmuş çikolatalı muz

İçindekiler

- 4 sert ama olgun küçük muz
- 6 oz. sütlü çikolata, parçalara ayrılmış
- 6 yemek kaşığı ağır krema
- 4 yemek kaşığı portakal suyu

Talimatlar

a) Muzları kabuklarında yaklaşık 2 saat dondurun.

b) Çikolatayı krema ve portakal suyuyla küçük bir tavada eritin, eriyene ve pürüzsüz hale gelene kadar ara sıra karıştırın. Soğuk bir kaseye dökün ve kalınlaşmaya ve soğumaya başlayana kadar bırakın. Çok soğumasına izin vermeyin, aksi takdirde kolayca kaplamaz.

c) Muzları dondurucudan çıkarın ve kabuklarını güzelce çıkarın. Her bir muzu iyice kaplamak için çikolataya batırın ve ardından bir veya iki uzun tahta şiş kullanarak çıkarın. Fazla çikolata damlarken muzu kasenin üzerinde tutun. Daha sonra muzu, çikolata donana kadar yağlı kağıt üzerine yerleştirin. 2 veya 3 parçaya bölün ve servise hazır olana kadar dondurucuya geri koyun.

d) Dilerseniz servis yapmak için her parçaya bir buzlu şeker çubuğu yerleştirin.

e) Bu muzlar iyi saklanmaz ve yapıldıkları gün yenilmelidir.

95. Dondurmalı kurabiye sandviçi

İçindekiler

- 12 çikolatalı kurabiye
- 2 su bardağı vanilyalı (veya diğer aromalı) dondurma, yumuşatılmış

Talimatlar

a) Kurabiyeleri dondurucuda bir tepsiye yerleştirin.

b) Yumuşatılmış dondurmayı düz bir tavaya veya kaba yaklaşık 1/2 inç kalınlığa kadar yayın ve tekrar dondurun. Tekrar sertleştiğinde, ancak sert olmadığında, kurabiyelere uyacak şekilde 6 daire dondurma kesin. Dondurmayı tavadan dikkatlice 6 kurabiye üzerine aktarın.

c) İkinci bir çerezle doldurun. İyice kapatmak için bastırın ve yemeye hazır olana kadar dondurun. İyi donmuşsa, yemeden 10-15 dakika önce dondurucudan çıkarın, aksi takdirde çok sert olurlar.

d) Birkaç gün içinde yiyin.

Servis 6

SNICKRDOODLE

96.   mısır unu snickerdoodles

Verim: 4 Porsiyon

İçindekiler

- Odada 1 su bardağı tuzsuz tereyağı
- Sıcaklık
- ⅓ bardak Bal
- ⅓ su bardağı şeker
- 2 büyük yumurta oda sıcaklığında
- 1 adet ince rendelenmiş lezzet
- Limon
- ½ çay kaşığı Vanilya
- 1½ su bardağı Un
- 1 su bardağı sarı mısır unu
- 1 çay kaşığı Kabartma tozu
- ½ çay kaşığı Tuz
- Kurabiyeleri yuvarlamak için şeker

Talimatlar

a) Tereyağı, bal ve şekeri birlikte krema haline getirin. Yumurtaları çırpın ve limon kabuğu rendesi ve vanilyayı karıştırın. Ayrı bir kapta un, mısır unu, kabartma tozu ve tuzu birleştirin.

b) Kuru malzemeleri kremalı karışıma 2 aşamada eşit şekilde karışana kadar karıştırın. Hamuru örtün ve 3 saat soğutun.

c) Gece boyunca soğutulabilir. Fırını 375'e önceden ısıtın ve çerez yapraklarını yağlayın. Hamuru $1\frac{1}{4}$ inç toplar haline getirin. Topları şekerde yuvarlayın ve yaklaşık 2 inç aralıklarla tabakalara yerleştirin.

d) Üst kısımlar hafif parmak baskısına karşı biraz dirençli olana kadar 15 dakika pişirin.

e) Bir rafta soğutun.

97. Az yağlı snickerdoodles

Verim: 1 porsiyon

İçindekiler

- 1½ su bardağı Şeker
- ½ su bardağı margarin
- 1 çay kaşığı vanilya
- ½ su bardağı Yumurta yerine
- 2¾ su bardağı Un
- 1 çay kaşığı krem tartar
- ½ çay kaşığı kabartma tozu
- ¼ çay kaşığı Tuz
- 2 yemek kaşığı Şeker
- 2 çay kaşığı Tarçın

Talimatlar

a) 1½ su bardağı şeker ve margarini eriyene kadar çırpın. Vanilya ve yumurta yerine yendi. Un, tartar kreması, soda ve tuzu karıştırın. Hamuru yaklaşık 1-2 saat soğutun.

b) 2 yemek kaşığı şeker ve tarçını karıştırın. Hamuru 48 - 1 inçlik toplar haline getirin. Şeker/tarçın karışımında yuvarlayın.

c) Topları Pam ile püskürtülmüş çerez tabakalarına yerleştirin.

d) 400 derecede 8 ila 10 dakika pişirin. Tel raflarda soğutun.

98. Tam buğday snickerdoodles

Verim: 60 Porsiyon

İçindekiler

- 1½ su bardağı Şeker
- 1 su bardağı Tereyağı, yumuşatılmış
- 1 Yumurta artı
- 1 Yumurta beyazı
- 1½ su bardağı tam buğday unu
- 1¼ su bardağı Çok amaçlı un
- 1 çay kaşığı kabartma tozu
- ¼ çay kaşığı Tuz
- 2 yemek kaşığı Şeker
- 2 çay kaşığı öğütülmüş tarçın

Talimatlar

a) Bir karıştırma kabında, krema şeker ve tereyağı köpürene kadar. Yumurta ve yumurta akı ekleyin; iyi döv. Kuru malzemeleri birleştirin; kremalı karışıma ekleyin ve iyice çırpın. Küçük bir kapta, tepesi Malzemeler birleştirin.

b) Hamuru ceviz büyüklüğünde toplar haline getirin; tarçın-şeker içinde yuvarlayın.

c) 2'sini yağsız fırın tepsisine yerleştirin. 400 derecede 8-10 dakika pişirin.

d) Kurabiyeler pişerken iyice kabarır ve düzleşir.

99. Yumurta likörü snickerdoodles

Verim: 48 porsiyon

İçindekiler

- $2\frac{3}{4}$ fincan Çok amaçlı un
- 2 çay kaşığı krem tartar
- $1\frac{1}{2}$ su bardağı Şeker
- 1 çay kaşığı kabartma tozu
- 1 su bardağı Tereyağı-yumuşatılmış
- $\frac{1}{4}$ çay kaşığı Tuz
- 2 yumurta
- $\frac{1}{2}$ çay kaşığı Brendi özü
- $\frac{1}{2}$ çay kaşığı rom özü

şeker karışımı

- $\frac{1}{4}$ su bardağı şeker veya renkli şeker
- 1 çay kaşığı hindistan cevizi

Talimatlar

a) Ön ısıtma fırını: 400 3-qt'de. karıştırıcı kase tüm kurabiye Malzemelerini birleştirin.

b) İyice karışana kadar (2 ila 4 dak.) kasenin kenarlarını sık sık kazıyarak düşük hızda çırpın.

c) Küçük bir kapta şeker karışımını birleştirin; karıştırmak için karıştırın. Yuvarlak çay kaşığı hamuru 1 "toplar halinde şekillendirin; şeker karışımında yuvarlayın.

d) Yağlanmamış çerez tabakalarına 2 inç aralıklarla yerleştirin. 400 fırının ortasına yakın bir yerde 8 ila 10 dakika veya kenarlar hafifçe kızarana kadar pişirin.

100. çikolatalı kurabiye

Verim: 1 Porsiyon

İçindekiler

- $2\frac{1}{4}$ su bardağı şeker
- 2 çay kaşığı balkabağı turta baharatı
- $\frac{1}{2}$ su bardağı Kakao tozu
- 1 su bardağı Tereyağı, yumuşatılmış
- 2 yumurta
- 2 çay kaşığı Vanilya özü
- $2\frac{1}{4}$ su bardağı Un
- $1\frac{1}{2}$ çay kaşığı Kabartma tozu

Talimatlar

a) Büyük bir karıştırma kabında şeker ve baharatı karıştırın; karışımın $\frac{1}{2}$ fincanını sığ bir kaba koyun.

b) Mikser kasesine kakao tozu ekleyin; karıştırmak için karıştırın. Tereyağı ekleyin; kabarık olana kadar orta hızda çırpın.

c) Yumurta ve vanilyayı karıştırın. Un ve kabartma tozunu karıştırın.

d) Hamuru top haline getirin ve ayrılmış şeker karışımında yuvarlayın.

e) Kalan hamurla prosedürü tekrarlayın ve yağlanmış çerez sayfalarına 2 inç aralıklarla yerleştirin.

f) 350 derecelik fırında 12-15 dakika veya kenarları sertleşene kadar pişirin. Tel rafta soğutun.

g) Yaklaşık 4-$\frac{1}{2}$ düzine kurabiye yapar.

ÇÖZÜM

Kurabiyeyi kim sevmez. Bir düşünün: Fırınlar olmasaydı bu lezzetli ikramlar olmazdı. Aslında, kurabiye, termostatlardan önceki günlerde, ilkel fırınların kek pişirmek için doğru sıcaklık olup olmadığını görmek için bir test olarak icat edildi. Bütün bir pastayı mahvetmek yerine, önce "küçük bir pasta" veya kurabiye test edildi. O zamanlar hiç kimse "test pastası"nın kendine has bir cazibesi olacağını düşünmemişti.

Kurabiyeler küçük, tatlı, yassı, kuru keklerdir; tek porsiyon parmak gıdadır. Genellikle un bazlıdırlar, ancak unsuz olabilirler (örneğin yumurta beyazı ve/veya bademli kurabiye gibi) veya pirinç unu gibi glütensiz undan yapılabilirler. Çerezler yumuşak, çiğnenebilir veya gevrek olabilir. Büyük veya küçük, sade veya süslü olabilirler. Basit (tereyağı ve şeker) veya çok sayıda Malzeme ile karmaşık veya iki kat ve dolgulu kurabiye sandviçleri şeklinde olabilirler. Ama uzun zaman önce, bir ikram ya da rahat bir yemek olarak değil, bir fırın regülatörü olarak yola çıktılar!

www.ingramcontent.com/pod-product-compliance
Lightning Source LLC
Chambersburg PA
CBHW071605080526
44588CB00010B/1021